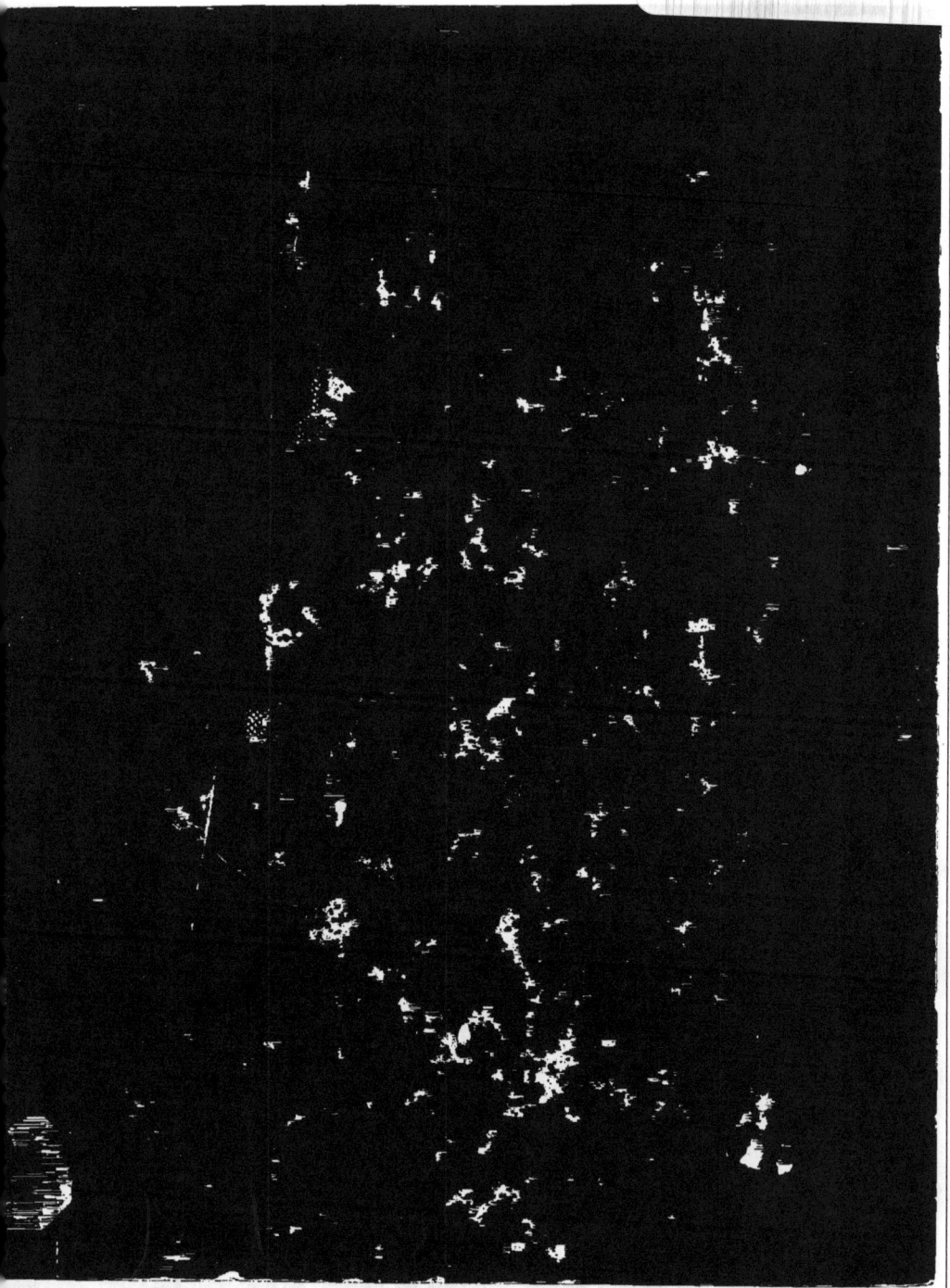

P. GOSSET.

LE · BLÉ - LE PAIN

APPEL

AU BON SENS

A L'OPINION PUBLIQUE.

COMBATTRE LE RENCHÉRISSEMENT DES DENRÉES LES PLUS NÉCESSAIRES.....
(L'EMPEREUR, 13 avril 1861.)

NOBLES PAROLES A METTRE EN PRATIQUE, A COMMENCER PAR LE PAIN :
C'EST LA NOTRE BUT.... AIDEZ-NOUS.

SE DISTRIBUE CHEZ L'AUTEUR
130, FAUBOURG POISSONNIÈRE.

Chez GUILLAUMIN, rue Richelieu, 14. — Chez DENTU, Palais - Royal.

PARIS
IMPRIMERIE PARISIENNE. — DUPRAY DE LA MAHÉRIE ET Cie,
26, BOULEVART BONNE-NOUVELLE (5, IMPASSE DES FILLES-DIEU).

1862

TABLE DES MATIÈRES

I   Introduction.. 1

II   Exposé de notre combinaison, son étendue......................... 6

III   Que nous faut-il pour cela ; qu'avons-nous à demander ; quels sont les obstacles qui se présentent ; qu'avons-nous à redouter............. 20

IV   La liberté des céréales. Ce qu'elle produit ; la spéculation s'emparant de la liberté... 30

V   Déficits, disettes, excédants, pléthores, réserves.................. 34

VI   L'agriculture, l'agriculteur. Ce que la nation a à en attendre, ce que leur doit la nation. Les sociétés d'agriculture, les comices agricoles sont les appréciateurs naturels, les arbitres des récoltes.......... 38

VII   Transports des blés. Chemins de fer. Navigation................. 45

VIII   La meunerie actuelle, son véritable caractère..................... 46

IX   La boulangerie, la véritable esclave.............................. 51

X   Le système de compensation, la caisse de service de la boulangerie.... 58

XI   Le département de la Seine a l'état de blocus continuel ; la circulation du pain interdite ; violation de la liberté commerciale........... 73

XII   Que s'est-il passé dans toute la France en dehors de ce système concentré dans Paris... 75

XIII   Approvisionnement de Paris, approvisionnement en France (décret du 16 novembre 1858).. 76

XIV   Conservation du blé ; son emmagasinement rationnel.............. 80

XV   Des manutentions de la guerre (quai de Billy), de la marine, des hospices de Paris (usine Scipion).................................... 83

XVI   Nous nous résumons, nous concluons 88

XVII   Sollicitudes de l'Empereur, ses préoccupations à cet égard........... 96

XVIII   Un mot sur ma personne....................................... 98

XIX   Derniers renseignements....................................... 100

LETTRE

ACCOMPAGNANT L'ENVOI DE MON MÉMOIRE

A SA MAJESTÉ L'EMPEREUR.

DEMANDE D'AUDIENCE.

SIRE,

J'ai besoin que mon **APPEL AU BON SENS, A L'OPINION PUBLIQUE,** soit entendu de Votre Majesté, et qu'il lui parvienne en entier et bientôt ; car alors la **DÉMONSTRATION,** que je présente au pays, sera comprise par le souverain le plus éclairé, le plus bienveillant, et elle recevra son entier développement.

Je sollicite de Votre Majesté la haute faveur d'une audience, tout aussitôt qu'elle aura pu se pénétrer de l'importance et de la sûreté de mes propositions.

Je suis très-respectueusement,

de Votre Majesté,

le très-humble serviteur,

P. GOSSET.

Paris, le 10 février 1862.

LE BLÉ — LE PAIN

APPEL

AU BON SENS, A L'OPINION PUBLIQUE

> Il est doux à mon cœur de venir apporter devan
> le pays la *démonstration* de pouvoir assurer le pain,
> le fixer à bas prix, l'améliorer en qualité, et, surtout,
> le soustraire à l'impôt le plus inique, celui que prend
> la spéculation d'agiotage..., au moment où le Chef de
> l'Etat, dont la sollicitude pour les classes laborieuses
> est si notoire, a cru devoir demander au pays d'é-
> lever l'impôt sur le sucre, sur le sel.....

CHAPITRE PREMIER.

INTRODUCTION.

Les crises alimentaires se rapprochent, elles sont intenses ; le déficit semble s'être acclimaté en France. Le renchérissement du pain paraît être à l'ordre du jour ; nous sommes dans une mauvaise voie. Il est temps de nous arrêter sur la pente du mal ; remontons à la source du bien.

Nous ne saurions admettre que, en présence d'un intérêt aussi immense et pressant que celui que présente le *pain*, il existe *quelque part* et chez *quelques-uns* des idées préconçues, des partis pris, des dispositions arrêtées soit de prépondérance, soit de vanité, qui vinssent systématiquement, envers et contre tous, condamner, étouffer tous efforts généreux, tous travaux sérieux, qui auraient pour but d'éclairer sur cette production si importante, et de conduire au mieux, au plus utile.

C'est parce que nous croyons découvrir devant nous cette latitude, ce champ libre de la discussion, du débat, que nous n'hésitons pas à persévérer dans nos travaux et nos efforts à démontrer et à prouver les moyens de produire plus économiquement le *pain* d'abord, et d'atténuer ensuite les effets des disettes, et rendre ainsi moins fréquentes, moins désastreuses les crises alimentaires.

Pour nous donner toute la latitude possible, nous invoquons l'appui du *bon sens*, de l'*opinion publique*. Nous pensons échapper ainsi plus facilement au contact des personnalités, au froissement des sentiments privés, si difficiles à aborder et à ménager.

A travers le temps qui s'écoule et qu'absorbent de longues études, de minutieuses recherches, nous voyons les périls se reproduire, les écueils se multiplier, et nous croyons plus fermement que jamais qu'il y a urgence d'arriver à presser des conclusions tenues en suspens par une multitude de considérations d'un ordre trop inférieur.

· Dans le maintien de mesures soit provisoires, soit reconnues inopportunes et dans tant d'autres choses que nous appelons des *simulacres*, nous apercevons des causes de préjudices, des mécomptes, et nous croyons facile de conjurer l'orage qui gronde toujours. Nous nous hasardons alors, une fois encore, à développer nos moyens d'action.

L'inventeur d'une combinaison économique ressemble, en tous points, au malheureux inventeur d'une mécanique devant offrir une application nouvelle de forces ou d'effets. Il éprouve mille mécomptes, il est contraint de reprendre, d'abandonner, de reprendre de nouveau son œuvre, avant d'obtenir une satisfaction complète. Et le temps aussi qu'absorbent les études et les méditations des hommes distingués appelés à juger et sur lesquels pèse la responsabilité, — ce temps qui paraît toujours trop long, a cependant cela de bon, qu'il permet aux esprits préoccupés de ces arides recherches, de tirer parti de tout, des effets de la nature, de la marche du progrès, comme aussi des fautes des hommes, et d'arriver enfin à perfectionner leur œuvre.

C'est ce qui nous est arrivé. C'est parce que nous avons été très-utilement servi par des faits, émanés soit de la nature, soit du travail des hommes, que nous sommes parvenu à réunir un tout homogène qui assure, en son plus complet développement, la production économique du *pain*, et avec le concours duquel nous pourrons réaliser ces nobles paroles :

« *Combattre le renchérissement de la denrée la plus nécessaire.* »

Nous ne nous dissimulons pas que le succès de notre œuvre dépend tout entier d'une volonté supérieure ; mais aussi nous croyons fermement que, sur ce point, il est bien temps que toutes indécisions cessent, que toutes prépondérances s'effacent, et que l'on passe des débats et des paroles aux faits, à l'action. Les vérités que nous allons développer ne s'improvisent pas ; ce ne sont pas des idées financières, empiriques et de passage, destinées à servir d'aliment aux passions ou aux ambitions; ce sont des combinaisons sérieuses, des édifications à faire solides et larges, d'un développement sûr, un peu long peut-être, mais aussi d'un résultat radical, inévitable.

Nous avons trouvé notre premier point d'appui solide, le plus inébranlable; il est dans les mains de l'Etat et ne lui sert pas; nous le lui demandons avec confiance et au nom de l'intérêt général.

Nous cherchons un autre appui dans le *bon sens* de tous, parce que le bon sens fait justice de tous préjugés, obstacles imaginaires, de toutes malveillances et envies. Nous en appelons à *l'opinion publique*, parce que les plus hauts comme les plus infimes relèvent de son jugement, qu'elle donne une force morale dont nous avons besoin, et qu'en nous appuyant sur elle, nous pénétrons près de tous et partout. Nous avons, avant tout, besoin de la confiance de l'Etat, parce que cette confiance de l'Etat conduit à celle du public.

Nous adoptons comme maxime et principe que le *blé* (qui est le *pain*), renferme en lui toute notre sûreté, tout notre bien-être. et qu'à ce double titre il est incomparable à quoi que ce soit, supérieur à tout. Nous demandons qu'il soit traité, sinon exceptionnellement, au moins à part et sur un pied de *priorité*. Nous croyons faire ressortir avec la plus parfaite évidence le bien fondé de ce droit, et nous pensons en tirer un grand profit pour le bien de l'humanité. Car il y a là, et seulement là, un *point d'équilibre* et un *effet pondérateur*, les plus précieux, les plus exacts, et précisément jusqu'ici négligés et méconnus.

Ce n'est assurément pas une tâche facile à remplir que celle que nous entreprenons. Elle est bien la plus aride, la plus rude et la plus périlleuse; mais nous sommes familier avec les difficultés qu'elle soulève et nous les abordons avec confiance; il est vrai que nous avons besoin de toutes les bienveillances possibles, des latitudes les plus étendues : nous tâcherons de n'en point abuser. Nous serons précis, sérieux, sévère, sans récriminations et dans la stricte mesure de l'indispensable nécessité; c'est ainsi que nous pensons arriver à nous concilier l'attention et la bienveillance de tous nos lecteurs. Voulant par dessus tout assurer le fond mais respecter la forme, nous ne serons le plus souvent que traducteur ou historien fidèle.

S'il pouvait entrer encore dans l'esprit de quelques personnes de contester la perturbation grave et générale que causent une crise alimentaire, un déficit, nous reporterions tout d'abord ces personnes à ce passage de l'exposé de M. Fould, fait devant le Sénat, il y a quelques jours : « L'obligation où se trouvait le » pays de pourvoir à sa subsistance par l'importation d'une » quantité considérable de grains, lorsqu'a paru la publication » du mémoire, aggravait encore les appréhensions; devant ce » nouveau danger tout se resserrait, la banque élevait son » escompte, augmentait ses mesures de prudence, etc., etc... » Nous n'avons rien à ajouter à ce qui est si connu des effets terribles et spontanés d'un déficit, de la cherté du pain.

CHAPITRE II.

EXPOSÉ DE NOTRE COMBINAISON, SON ÉTENDUE.

Nous adoptons pour principe et comme base fondamentale, ces mots si justement et si bien appréciés à notre époque : *Liberté, Concurrence.*

Si nous demandons quelque appui à l'Etat, ce n'est pas à titre exclusif, mais bien comme condition indispensable de succès ; à cet égard, d'autres pourront nous imiter. Nous désarmons par cette confession l'envie et la malveillance, qui ne manqueront pas, à notre appel, de faire leurs efforts pour nous barrer le passage et nous renverser.

Nous entendons par *Liberté* l'affranchissement de tous liens, de toutes reconnaissances, de retenues, sauf les obligations qui relèvent de l'ordre social.

Nous disons *Concurrence*, parce que ce mot renferme, à lui seul, tous sentiments élevés, tous stimulants ; parce que c'est l'action large, bienfaisante, étendue aux intérêts du consommateur. Nous ouvrons une issue nouvelle dans laquelle quiconque pourra nous suivre, nous attaquer, nous combattre. Nous appelons la suppression d'un monopole à présent dégénéré, défiguré, parce que ce mot est devenu impopulaire, parce que ses effets sont trompeurs, malfaisants, rétrogrades. Nous demandons pour le blé une liberté, mais une liberté prudente, combinée avec son caractère d'utilité *primordiale.*

Nous nous présentons en adversaire impitoyable de ces opérations qui ne sont que *hasard* et *agio*, qui soulèvent des passions basses, qui apportent le désordre et la perturbation. Nous invoquons, nous patronons, au contraire, la spéculation sérieuse, utile, généreuse : celle qui assure l'avenir, qui protège le travail agricole ; celle, enfin, qui contribue aux échanges, au développement des richesses nationales. En un mot, nous demandons la reconnaissance du principe de la *réserve*, de la *prévoyance*, parce que nous apercevons, là, la source pure de toutes les garanties.

Le principal obstacle au progrès de l'économie du pain se rencontre dans la *meunerie* ; cela est reconnu partout et par tous. C'est donc, et d'abord, la *meunerie* dont il faut changer le système. C'est aussi là notre point de départ.

Nous ne voulons toucher à rien de ce qui existe ; nous mettons tout passé de côté ; nous adoptons d'autres formes, de nouvelles bases ; en un mot, nous sommes concurrent, mais issu d'un germe neuf. Dans notre intervention, nous n'arrêtons aucun service, nous n'apportons aucun trouble ; nous nous insinuons, nous parvenons par progression et successivement, à nos risques et périls ; nous attirons à nous par la conviction et la démonstration.

Nous avons cru longtemps, et beaucoup d'autres l'avaient pensé comme nous, que cette concurrence à faire à la meunerie actuelle se trouvait dans la combinaison des moulins mûs par la vapeur répandus autour de Paris et dans Paris, en y adjoignant de grandes et fortes boulangeries. Cela se pratique ainsi et avec succès, sur une grande échelle, dans l'établissement du quai de Billy, pour les subsistances militaires, et à l'usine dite *Scipion*, dans le faubourg Saint-Jacques, pour les hospices civils.

Sur cette combinaison, nos adversaires nous ont attaqué vivement, et peut-être avec raison. En effet, la vapeur adaptée comme force motrice à un moulin considérable qui assume la responsabilité d'un service le plus régulier, le plus absolu, peut présenter des dangers, soit par accidents graves, soit par réparations fréquentes forçant à des chômages prolongés. Les dépenses de combustibles, de loyer, sont en outre considérables. En effet, une boulangerie civile, et pour un public disséminé dans tous les quartiers, ne peut se comparer à une boulangerie militaire ou hospitalière : le pain, en général, a besoin d'être fabriqué et cuit là où il se débite.

Nous accueillons donc la critique de nos adversaires, et nous espérons les désarmer en venant leur présenter une combinaison toute autre qui renverse ces empêchements, ces obstacles exagérés et qui vient présenter les avantages, les sûretés les plus complètes, les moins incontestables. A la vapeur nous substituons l'*Eau*, la *Force hydraulique* et *gratuite*, en masse et sous notre main. Aux boulangeries concentrées, nous substituons des boulangeries réparties dans tous les quartiers à la portée des consommateurs, sans que cela vienne détruire l'unité, l'action concentrée de l'opération qui reste association, mutualité, qui plus est encore , l'édifice de garanties économiques et hygiéniques.

La Seine, cette Providence pour Paris, nous fournit des ressources infinies, met à notre disposition des trésors inappréciés. Nous possédons, en amont et en aval de Paris, et dans les meilleures conditions, des barrages faits pour améliorer la navigation, produisant des chutes d'eau qui présentent des forces à nulle autre comparables. Nous trouvons là, ainsi, à constituer des forces hydrauliques admirables qu'on ne sait pas utiliser et que nous ferons tourner au profit général.

La grande question des eaux de Paris qui a soulevé une polémique si vive, des débats si intéressants, a été pour nous un trait de lumière ; sans rien enlever à ces combinaisons qui s'emparent des chutes d'eau mises à découvert, nous trouvons à nous poser encore sur la Seine, on ne peut plus sûrement, on ne peut plus heureusement.

Ainsi, en aval de Paris, à quelques kilomètres, entre Conflans et Andrésy, il existe, il se construit un barrage immobile d'une étendue et d'une force des plus imposantes, sans emploi, sans convoitise. Cette position assure les arrivages du Nord, par l'Aisne et l'Oise ; de l'Ouest, par la Seine et la mer. Elle est voisine de deux chemins de fer, celui du Nord, par Creil, et celui de l'Ouest qui la met en communication avec la Beauce, la Normandie et la Bretagne. On peut établir un service sur Paris par la Seine ; il y a là réunion de tous les avantages désirables. On peut établir, là, un moulin très-important, des magasins, réservoirs immenses, soit sur la Seine en s'appuyant sur le barrage, soit dans le voisinage en détournant une masse d'eau aussi forte qu'on le voudra. Et cela a été créé sans faire naître aucune idée d'emploi ou d'utilité !

En amont, presqu'à la Gare d'Ivry, nous indiquerons, soit par la Marne, soit par la Seine, des forces immenses, créations nouvelles, en cours d'exécution ou faciles à exécuter.

Nous savons bien que la question des eaux, non encore résolue, peut se reporter, en dernier ressort, sur ces ressources que présente la Seine et si bien appréciées par le célèbre contradicteur du projet municipal, M. Delamarre; mais nous le répétons, sans toucher à cette réserve, faite par l'honorable M. Dumas, nous pouvons constituer, à peu de frais, près du pont d'Ivry, au confluent de la Marne, une chute d'eau d'une puissance immense; là aussi se trouvent des terrains sans emploi, sans valeur. C'est donc mettre la main sur un trésor, c'est donc faire quelque chose de grand et d'utile, que d'établir là une *usine-moulin à faire de blé farine.* A droite et à gauche se trouvent deux chemins de fer, celui d'Orléans et celui de Lyon; la Seine, la Marne assurent toutes les provenances; le chemin de fer de ceinture relie à toutes les gares.

Rien de plus beau, de plus avantageux que cette position. La nature semble l'avoir ainsi faite pour convier l'homme à l'employer à son usage, et l'homme se montrerait ingrat et ignorant s'il n'usait pas de cette faveur inappréciable.

Pourrait-on se faire une juste idée de ce que devront produire deux moulins ainsi placés en sentinelles avancées en amont et en aval de la capitale; l'effet effectif, matériel, sera immense, l'effet moral plus immense encore. Rappelons ici que le bassin de Paris est le lieu le plus central, le plus accessible à tous les arrivages en blés, de quelques contrées qu'ils proviennent, et qu'ainsi les deux usines réuniront les conditions les plus générales, les plus généreuses. Ajoutons que nous avons, à la disposition de leur matériel mobilier, mécanique,

2

et industriel, tous les instruments les plus exacts, les plus perfec-
tionnés, les plus certains *pour produire le mieux*; avantages que
dédaigne la meunerie trop confiante en son action et en sa force
d'inertie ; ajoutons enfin que l'esprit et l'exploitation de ces usines
feront disparaître les abus signalés tous les jours et conduiront
en conséquence aux réformes les plus larges et les plus instam-
ment demandées.

Ainsi, pour les blés : achats directs, approvisionnements considérables, réserves, conservation, leur conversion en farine selon
les lois de la nature, conformément aux règles hygiéniques et
d'une bonne nutrition ; point de mélange, d'altération, point
d'intermédiaires, point d'opérations de jeu, d'agiotage. On pourrait, avec ces deux grands éléments de production, assurer dans
les meilleures conditions, pour au moins un quart et même pour
moitié, l'approvisionnement journalier de Paris ; en outre, on
réunirait, sur ces deux points, une réserve en blé pour plusieurs
mois.

Les farines, ainsi et naturellement faites, iront directement dans
des lieux de panification ou boulangeries modernes, montées et
organisées par la compagnie des moulins. Elles y seront converties
en pains de toutes les formes, dans les conditions les meilleures,
les plus économiques. Chaque boulangerie sera pourvue d'appa-
reils pétrisseurs mécaniques, machines, fours les plus propres à
ce travail perfectionné.

Ces établissements de fabrication et de débit de pain pourront
former des dépôts de vente afin de rendre leurs produits plus
accessibles au public ; ils devront, par les avantages de leur prix
et de qualité plus nutritive, arriver à une consommation de dix
à douze sacs par jour. Ils seront conduits et dirigés par des
hommes intelligents, lesquels, tout en conservant leur indépendance, leur action d'initiative, relèveront de la compagnie qui
sera leur commanditaire, fournisseur de farine, chargée de
pourvoir à toutes les sûretés d'approvisionnement ; de sorte qu'il
y aura entre eux et la compagnie, unité d'intérêts en même temps

que liberté d'action, de développement de facultés et d'intelligence.

Chaque chef de panification ou de boulangerie aura une action, un intérêt dans la tête de l'opération moulin, par représentation et à tour de rôle. Chaque sac de farine sera livré à un prix déterminé par les co-intéressés et résultant des prix des céréales; une somme sera ajoutée pour frais d'exploitation, et le prix du pain ressortira ainsi et toujours de celui du blé. L'activité et l'intelligence des exploitants détermineront les profits, mais il y aura cela de bon que les établissements se contrôleront l'un par l'autre, que le plus faible sera signalé, que le plus fort sera mis en relief et qu'ainsi il s'établira une sorte d'émulation; chacun voudra faire aussi bien que son co-intéressé.

Chaque boulangerie aura une part de bénéfice dans les opérations, blés et farines, en rapport avec ses achats.

Chaque boulangerie donnera à la compagnie commanditaire une portion déterminée sur le net de ses bénéfices annuels.

Ainsi la position du panificateur (fabricant du pain) sera élevée, elle prendra part aux grosses et grandes opérations qui sont sa source; elle en aura sa part de responsabilité morale, mais aussi sa part de profits; elle devra compte de son action, de ses résultats; il y aura réciprocité, égalité.

Le chef d'établissement panificateur n'ayant plus les soucis, les éventualités des achats, des hausses, des baisses, traitant cette question grandement, au-dessus de sa besogne, pourra se livrer en toute confiance à l'importance de sa fabrication, aux améliorations dont elle serait susceptible, à l'accroissement de sa clientèle.

Il se formera, pour cette vaste association, des ouvriers qui recevront une organisation nouvelle, bonne, sérieuse et qui différeront de l'état d'abaissement dans lequel sont restés encore les garçons boulangers, appelés *Geindres*. L'économie s'étendra sur tout ce qui peut se traiter en grand, en commun; enfin il y aura émulation en tout.

Cette position nouvelle, simple, naturelle, diffère essentiellement de celle qu'occupe la boulangerie actuelle (on le verra par
les chapitres qui suivent : *Meunerie, Boulangerie*); cependant
nous y trouvons la source, le germe du plan que nous avons conçu.

En effet, la boulangerie ne s'appartient plus; elle s'est laissée
absorber par la meunerie, qui en est devenue le commanditaire,
le fournisseur obligé. Cela résulte des marchés à cuisson qui sont
introduits presque généralement dans la boulangerie monopo-
lisée, lesquels marchés sont diversement appréciés, mais constituent une désorganisation, un déplacement. Le boulanger, lié par
ces marchés, est l'esclave du meunier qui le domine, dont il est
l'obligé, sans compensation aucune; mais il est dégagé, il est vrai,
de tous risques, de toutes éventualités, de ces brusques secousses
qui font le mal de notre époque.

D'abord ce sont les boulangers faibles et sans crédit qui ont
accepté ce lien; puis ensuite les hommes prudents voulant être
tranquilles, se sont courbés sous ce joug. Ils ont préféré se con-
tenter de **8 fr. 50 c.** de bénéfice par sac que leur accorde le meunier, que de se renfermer dans la taxe de 11 fr. que l'administration leur alloue. Il y a donc écart, abandon au profit du meunier,
de 2 fr. 50 c. par sac de 157 kil.

On le voit, le boulanger paye bien cher sa tranquillité; outre
son indépendance, sa dignité qu'il abandonne, il perd, suivant
l'importance de ses affaires, soit 5 fr., soit 10 fr. par jour. Mais il
ressort en outre, de cet état de choses, des préjudices graves aux
intérêts généraux, à la moralité; le boulanger, dont le bénéfice
se trouve ainsi amoindri, cherche à se récupérer; il appelle alors
à son aide la fraude, la ruse, la dissimulation.

Le meunier, maître de la prime, fait tous ses efforts pour
hausser les cours et obtenir une bonne taxation. Ainsi que l'a
fort spirituellement démontré le très-honorable et très-clairvoyant
sénateur M. Tourangin, dans sa critique sur ces marchés : *ce
n'est plus la farine*, dit-il, *qui détermine le prix du pain, mais*

le pain qui fait ressortir le prix de la farine. Situation toute différente, toute désorganisatrice.

Et lorsqu'on pense qu'un farinier, *un seul,* celui qui tient la corde du mouvement, des oscillations, des influences, etc., peut avoir ainsi à sa disposition *trois cents fonds,* fournir par jour peut-être *mille sacs* sur lesquels il perçoit une différence de 2 fr. à 2 fr. 50 c. sur la taxe, on juge de suite du résultat, des conséquences *ipso facto.*

Nous aurons à revenir encore sur les marchés à cuisson ; nous ne les avons abordés ici que pour faire pressentir et comprendre que notre combinaison en association, en participation, en fera ressortir tout ce qui est favorable et disparaître tout ce qui est préjudice, fraude, immoralité. Notre combinaison se rapproche également de celle qui existe entre les fariniers et les meuniers de Londres, mais elle est plus large, plus complète.

La qualité du Pain. — Sa valeur nutritive.

En ce siècle de progrès et de civilisation, il importe que l'on sache comment on entend le progrès et l'humanité, au point de vue du *pain.* Eh bien ! cela est triste à dire et trop facile à constater, la science, la civilisation s'efforcent à appauvrir la valeur du blé, le principe du pain. Un sentiment inhumain et cupide s'ingère dans cette question si respectable ; il se trouve constamment en état de conspiration ouverte contre la plus belle création de la nature.

A force de vouloir faire, du pain, un objet de luxe et de fantaisie, on est parvenu à détruire et dénaturer le principe nutritif que renferme le blé : le *gluten.* Le meunier qui ne vise qu'à l'effet, à la spéculation, veut une farine très-blanche, très-fine et abondante ; il en fait dosage sur dosage ; il pulvérise à outrance ; il dessèche, il brûle, et le *gluten* s'évapore sous l'empire de la pression et de la chaleur; mais qu'à cela ne tienne, la farine a de l'éclat, elle est de nature *bonne*, *marchande*; elle se vendra pour la spéculation. Le boulanger qui veut un pain d'une blancheur éclatante la recherchera; il suppléera au défaut de *gluten*, à l'absence d'élasticité, de gonflement naturel, par quelque acide ou d'autres ingrédients; d'ailleurs le *geindre*, qui est devenu le maître de fournil, ne veut plus travailler que cette sorte de farine, qui lui donne beaucoup moins de mal, qui se délaie facilement et prend beaucoup d'eau.

L'agriculture elle-même, cette mère nourricière, cette fille de la nature, se rend complice de ces méfaits; on l'accuse de rechercher de préférence les essences de blés les plus apparents, tendres, riches en amidon et pauvres en gluten. C'est encore la perfide meunerie qui a excité ces funestes préférences; avec ces blés, elle a une farine plus blanche, et le blé est plus facile à broyer, à pulvériser. L'essence nutritive qui fait du pain un aliment substantiel est donc en plein dépérissement; il y a conspiration, décadence sur toute la ligne. Nous n'avons plus qu'un pain lavé, blanchi, sans goût; le lendemain, ce n'est plus que pierre ponce, poussière. Jusqu'où cela ira-t-il? Qui arrêtera ce débordement d'outrages faits à la nature, de préjudices à l'humanité? Nous répondons : Nous! nous seuls le pouvons; nous arrêterons la dégénérescence dans la culture du blé, la décadence dans l'art de faire le *pain*.

Et qu'on ne s'y trompe pas! le service à rendre est immense. Manger un pain de farine d'amidon, c'est se charger l'estomac d'une masse inerte, c'est consommer un tiers en plus pour se faire une mauvaise graisse, un mauvais sang. Manger un pain fait avec de la farine riche en gluten, c'est donner au moins à son estomac un travail facile, c'est se donner en outre une belle carnation, un beau sang. Voilà la différence bien établie, très simplement, sans frais de mots scientifiques dérivant du grec ou du latin.

En 1847, lorsque nous entrions dans la voie de ces observa-

tions, voie que nous étions bien loin de croire si arduë, si ingrate,
M. Brondes, directeur des moulins de Perrache, à Lyon, nous
écrivait qu'il ne travaillait que des blés de Russie, de Pologne,
blés petits, chétifs en apparence, mais durs, riches en parties fer-
mes, élastiques et glutineuses, et qu'il en obtenait d'excellents
résultats pour lui et pour la boulangerie. Ceci se confirme en
toutes circonstances et à tous égards; nous en citerons quelques
exemples.

Les blés que produit notre Afrique sont très estimés; ils sont
particulièrement recherchés par l'administration de la guerre,
qui les travaille avec connaissance de cause et en fait un pain
d'une grande richesse nutritive. A cet égard, le soldat est beaucoup mieux partagé que le civil. Seulement, il faudrait que le
pain de munition fût un peu moins bis, c'est-à-dire qu'il contint
un peu moins de parties ligneuses, alors il serait sans égal. Les
blés de Sicile sont les seuls qui produisent ces pâtes si supérieures,
parce qu'ils sont les plus riches en *gluten*.

Toutes les fois que les déficits qui se produisent chez nous, nous
obligent à recourir aux blés étrangers, ce sont les établissements
qui savent bien traiter ces blés généralement durs qui obtiennent
les meilleurs produits. Nous signalerons, en première ligne, l'administration de la guerre dans son établissement des subsistances
militaires, quai de Bil y, là où généralement on ne travaille que
des blés étrangers. Nous citerons encore avec satisfaction l'administration des subsistances des hospices civils du département de
la Seine (*usine Scipion*). Nous mangeons, depuis quelque temps,
du pain fabriqué dans cette usine, fatigué que nous étions de ne
rencontrer chez les boulangers que du pain en eau et sans autre
goût. Nous trouvons ce pain de l'usine Scipion excellent et bien
supérieur ; nous le voyons beau, nous le sentons bon, et nous savons qu'il est fait avec un mélange bien entendu de blés durs, de
blés étrangers et indigènes ; et cependant ce pain coûte dix centimes de moins par pain de deux kilogrammes.

Nous connaissons un boulanger qui a traité, au début de la

campagne, d'une forte partie de farines provenant de la Californie, avec lesquelles il a fait de très-bon pain. Il nous a été assuré que, cette année, l'habile M. Darblay, l'homme aux *deux cents* paires de meules, aux *trois cents* fournils, s'est montré le mieux inspiré en traitant, tout à coup, de toutes les parties de blé de la Californie qui se trouvaient sur le continent. C'est que M. Darblay, s'il est le spéculateur le plus habile, est aussi le travailleur le plus avancé, le plus intelligent; ses produits tiennent la tête, il fait sur la place ce qu'il veut. Disons encore, à ce sujet, que si nos farines françaises sont quelquefois recherchées en Angleterre, ainsi que nos blés, c'est qu'il s'y trouve une plus forte dose de gluten et que nos blés en sont moins dépourvus que les blés anglais.

Et à propos de ces grandes usines de la guerre, des hospices et de M. Darblay, sur lesquelles nous aurons à revenir, nous n'avons pas été médiocrement surpris en lisant, dans le rapport de M. le conseiller Le Play, cette opinion que : « *S'il se montait de grandes usines, meunerie, boulangerie, elles seraient tributaires des blatiers; elles achèteraient plus cher que les petits, très-petits moulins.* » Nous savons bien qu'à l'égard de l'usine Scipion, les règles, les formalités administratives ont rendu cette usine tributaire d'abus, de vices, en ce qui concerne les achats à traiter; mais cela n'est que passager, cela n'existe peut-être plus. Pour tous les autres grands établissements en général, cette opinion défavorable est démentie par les résultats, par les expériences constatées. Et quand nous pensons que cette opinion, fausse en tous points, émane d'un homme appelé à éclairer et à influencer des juges, de celui qui a vu se dérouler sous ses yeux le magnifique et imposant tableau de l'Exposition industrielle de 1855, de celui qui est appelé à diriger encore la partie française de l'Exposition qui va s'ouvrir à Londres en 1862, nous sommes saisis de surprise et de regrets ! !

Déjà nous avons eu occasion de le dire, M. le rapporteur a apporté, dans ce débat, une prévention funeste contre les conceptions larges sortant des limites vulgaires et un sentiment passionné contre leurs promoteurs.

Lorsque nous serons appelé à intervenir dans cette imposante action de la production, de la consommation du pain, nous éviterons la voie des abus, des fraudes, des préjudices pour remonter à la source de l'exact, du sérieux, de l'utile ; nous éclairerons l'esprit des consommateurs; nous demanderons à l'agriculture de se livrer à la production du blé le plus substantiel ; nous ferons de la farine de manière à produire du pain sans lui prendre toute la dose de *gluten* que la nature lui a donnée. Nous contribuerons, par là, à maintenir la santé, à ménager les bourses, à aider à la tâche si lourde de combler le déficit. Nous pouvons, à cet égard, donner toutes les garanties appuyées de résultats obtenus au moyen des instruments les plus parfaits.

Ce serait vouloir se briser la tête contre le roc le plus dur que de venir demander à MM. le fariniers et boulangers la plus mince modification aux abus qui sont en vigueur ; on se tromperait plus grossièrement encore si on espérait le moindre progrès à l'aide de combinaisons mixtes, de transactions, de compromis, d'amalgames ou de simulacres. Il faut là *une opposition tranchée, un effet radical.* Nous ne saurions trop le faire sentir.

Nous ne voulons pas dire cependant qu'une fois notre position obtenue, occupée, nous exclurons quiconque aura appartenu à la vieille école ; non, non, nous ne serons pas exclusif. Nous espérons, au contraire, que les plus intelligents d'entre ceux qui forment la partie saine de la meunerie et de la boulangerie, viendront à nous et nous aideront de leur expérience, de leurs talents. Nous leur ouvrirons une belle carrière.

De nos approvisionnements et réserves en Blés par la spéculation sérieuse.

La partie la plus neuve, peut-être aussi la plus intéressante par laquelle nous nous montrerons au public, c'est celle qui

3

concerne la prévoyance, les approvisionnements en réserve. Là, en effet, sera la base de notre constitution gouvernementale : former des réserves aux temps d'abondance, retenir le blé dans une sage mesure alors que la quantité fait baisser le prix, c'est le principe de la fourmi, que les hommes n'ont pas encore eu la sagesse d'imiter ; ils se sont au contraire rangés du côté de l'insouciante et frivole cigale.

Un établissement comme celui dont nous déroulons la perspective dans toute son étendue, avec tous ses points divers, arides et féconds, a essentiellement besoin d'être soutenu par un approvisionnement *ordinaire* suffisant aux besoins journaliers, et par un approvisionnement *extraordinaire*, composant la réserve ; c'est là que seront la prévoyance en même temps que la spéculation. Ces deux systèmes, si différents, ont besoin d'être traités à part.

Le premier, l'approvisionnement courant, appartient à la masse des opérations ; il y est pourvu par le capital de la Compagnie.

Le second, au contraire, a une importance telle que ce capital ne saurait lui suffire et qu'il importe de lui en trouver un ailleurs, un spécial. En effet, il y a là opération identique, mais aussi mesure d'ordre et d'intérêt général. Il s'agirait, en effet, d'amener sur des points divers : soit côtes maritimes, soit places intérieures les plus productives, des masses de céréales et de les· retenir pour un temps de disette, de déficit, afin d'en combattre les effets pour éviter, au moment des achats, la trop grande dépréciation, pour arrêter en temps contraire la cherté, la hausse excessive ; en un mot, effets de *pondération, d'équilibre*. Dès lors on comprend qu'un capital social, quelque étendu qu'il soit, ne saurait suffire à cette tâche, qui est essentiellement variable.

L'importance de cette opération, considérée à son point de vue d'utilité publique et de mesure générale, peut s'étendre de 1 à 10 millions d'hectolitres de blé ; elle peut réclamer de 15 à 150 millions de francs, plus les dépenses de magasins, mécani-

ques, outillages, etc., etc. Quelles qu'en soient la forme et l'étendue, cette mesure fait partie de nos forces intégrantes, vitales.

Pour la remplir, nous demandons simplement qu'il nous soit
permis de faire, de nous-même et par nous-même, office de
magasins généraux ou *d'entrepôts*. Nous trouverons ainsi un
moyen quelconque de nous procurer notre capital spécial. La
consistance effective et morale de notre *être* social devra nous
servir de garanties les plus complètes et nous mériter ce privilége
que d'autres aussi pourront demander. Nous avons déjà travaillé
cette question des réserves avec beaucoup d'attention et de scru-
pules, non pas comme adjonction à un système d'opération pratique, mais comme base d'un *crédit agricole* par et pour le *blé*.
Notre travail, que nous avons produit il y a un an, présente des
bases solides qui pourront nous servir. Nous aurons occasion de
parler, plus tard, de ce travail et du chemin qu'il a fait ou qu'il
n'a pas fait.

Résumant ce long chapitre, nous demandons à intervenir :

1° Comme *acheteurs* sérieux, directs et suivis, des blés.

2° Comme *meuniers-fariniers* dans des proportions qui n'ont
pas été encore atteintes et sur des bases nouvelles.

3° Comme *panificateurs* arrivant le plus directement, le plus
largement, le plus hygiéniquement et le plus économiquement
dans la consommation.

4° Enfin comme inaugurant, créant, constituant un système
d'approvisionnements de réserves, le plus en rapport avec les
lois de la prévoyance, soit qu'on le limite à notre action sociale,
soit qu'on nous permette de l'étendre et généraliser.

Ce serait une grave erreur de croire que cette combinaison si
vaste, si belle, ne repose, comme théorie d'amateur, que sur des
idées chimériques ; elle est bien au contraire le résultat d'études
sérieuses, de recherches persévérantes ; elle appartient tout
entière à la pratique la plus saine et la plus simple.

CHAPITRE III.

QUE NOUS FAUT-IL POUR RÉALISER CETTE COMBINAISON ?
QU'AVONS-NOUS A DEMANDER ?
QUELS SONT LES OBSTACLES QUI SE PRÉSENTENT ?
QU'AVONS-NOUS A REDOUTER ?

Les personnes qui auront bien voulu prêter toute leur attention à notre pensée, auront compris que ce n'est pas dans l'action isolée que se peut rencontrer la force nécessaire à son exécution, à son développement.

De toute évidence, il y a là de grands intérêts réclamant de grands efforts, lesquels ont besoin eux-mêmes d'une impulsion première, supérieure, bien au-dessus du vulgaire : or, cette impulsion ne peut émaner que de l'Etat, de l'administration municipale.

Nous nous plaçons, en effet, devant des combinaisons, des monopoles, des usages, des préjugés que nous tenons à faire disparaître. Il faut donc que les plus hautes personnalités, quelles qu'elles soient, consentent à nous admettre, à nous tolérer, à nous protéger même. Ces personnalités toutes puissantes ce sont, osons le dire, *l'Empereur, le Préfet de la Seine* ; les administrations, les corps de l'Etat ; ce sont *le Conseil municipal, le Conseil d'Etat* entre lesquels se débat la question. Nous ne doutons pas qu'en présence des opinions divergentes, des incertitudes, des irrésolutions qui subsistent, notre combinaison *si différente, si tranchée*, n'excite l'attention, ne provoque un sérieux examen. Et alors que, mettant de côté d'abord toute condescendance, toute réticence, on se placera résolument en face *de l'intérêt général*, nous serons inévitablement accueilli, accrédité, patroné. Nous le répétons : la confiance de l'Empereur *conduit à tout*, et l'Empereur a demandé que *l'on combatte le renchérissement des denrées les plus néces-saires :* or, la denrée de première nécessité, c'est le *pain.*

L'Empereur est le souverain aux grandes idées, aux larges conceptions ; en présence de la nôtre, il daignera renoncer, nous en avons l'espoir, à tous précédents, à toutes idées préconçues, à toutes préventions ; enfin, il sera pour nous et avec nous. Et d'ail-leurs ne venons-nous pas très à propos couvrir l'avenir. Or, pour arriver jusqu'à l'Empereur, pour attirer sa suprême attention, nous ne trouvons pas de meilleur moyen, de voie plus sûre, que de nous présenter d'abord devant *l'opinion publique* et de nous assurer ses suffrages.

C'est afin de vaincre l'indifférence publique, de briser la force d'inertie, que nous sollicitons ici ce concours pour la propagation de notre grande et belle idée. Nous espérons surtout que la Presse, cette lumière des masses, nous accordera son concours généreux, car elle trouvera, là, l'occasion nouvelle de montrer son ardent désir de propager tout ce qui peut contribuer au bien-être du peuple ; elle voudra protéger, de ses premiers encouragements, l'initiateur ferme et résolu, mais obscur, isolé ; voilà ce qu'il nous faut d'abord.

Ensuite, nous aurons à demander la cession des forces hydrau-liques ou des chutes d'eau que nous convoitons ; à cet égard, l'Etat, c'est-à-dire le domaine public en a la libre disposition ; il ne sau-rait en tirer ni parti ni profit ; à vrai dire, ces forces immenses ne sont bonnes qu'à l'emploi spécial auquel nous les attribuons. L'Etat s'empressera sans doute de nous les accorder.

Il nous faut, en outre, obtenir l'autorisation de nous immiscer dans la consommation du pain. A cet égard, nous battons en brè-che un monopole, une corporation ; mais on sait ce que cela vaut aujourd'hui. La libéralité, l'esprit de liberté les condamnent ; et, en venant opposer une concurrence au monopole, nous introdui-sons le principe de liberté corroborée par la libéralité et l'ordre.

Il y a, on le sait, concurrence sérieuse, viable, imposante, qui possède en elle-même des garanties, et assure toujours des résultats; mais il y a aussi concurrence éphémère, sans principes, sans appui : celle-là ne vit pas, elle paraît, disparaît : ses efforts sont impuissants, elle appelle le désordre, la cherté, la déconsidération. C'est ce que serait la liberté en boulangerie, si le marché était ouvert à tous intervenants, isolés, sans consistance, sans constitution. Augmentation considérable du nombre des boulangeries, surcharge des frais, extension de tous moyens de rechercher les profits dans les expédients, les artifices, crédits compromettants, hausse de la farine, enfin désorganisation, désordre et retour au monopole; voilà ce que présenterait la panification rendue accessible à tous.

Notre intervention, au contraire, lui assure un tout autre avenir. Notre action solide, notre concurrence éclairée obligent la boulangerie actuelle à se compter, à se reconstituer, à se renforcer : ce qu'elle renferme de chétif, de vicieux, disparaît, et la partie saine, solide sent qu'elle ne peut résister et subsister qu'en nous imitant. De là, une transformation générale ; de là, suppression des abus, des chertés, des immoralités. Nous devons donc être admis dans le partage du vaste champ de la consommation et être accueillis comme des novateurs sérieux, des bienfaiteurs.

Il n'est pas inutile de faire remarquer ici que la liberté, comme on l'a introduite dans la boucherie, n'a été qu'une mesure vaine qui n'a rien produit parce qu'elle n'avait à s'appuyer sur rien de nouveau, sur aucun principe moral et puissant. C'est parce que l'on sait très-bien, dans les hautes régions, que la liberté n'est capable de produire aucun bien, et qu'on aperçoit le cortége d'abus, de désordres qu'elle traîne à sa suite, qu'on hésite à la donner, car elle est dans la pensée de tous. On voudrait transiger, on cherche des compositions mixtes, des demi-mesures (le mal de l'époque est dans cet esprit de conciliation, d'amalgames, etc.), et comme on ne trouve rien, on s'en tient au *statu quo*, on le prolonge.

Nous nous présentons, nous, résolument pour rompre ces irrésolutions, faire cesser le système de simulacres qui ne conduit

qu'aux déceptions. Nous tranchons dans le vif. Or, notre importance et notre attitude pourront soulever quelques craintes; on
nous dira peut-être : c'est l'inconnu, c'est l'incertain, cela se
continuera-t-il? Nous avons donc besoin de dire tout d'abord
et de faire bien comprendre que nous ne sommes pas aussi loin
que nous paraissons, de ce qui existe.

Nous l'avons dit : la boulangerie est absorbée par la meunerie
dans son action sur les *marchés à cuisson* ; or, c'est cette disposition prise à faux, en *contraria*, que nous voulons rendre
exacte, sincère, morale et utile à tous. Nous sommes obligé de
citer encore le célèbre farinier, M. Darblay; il est constant qu'il a
à sa disposition au moins trois cents fonds de boulanger, dans
lesquels il écoule quotidiennement de mille à quinze cents sacs
de farine que font ses deux cents paires de meules disséminées
dans vingt, peut-être trente usines. On comprend l'importance
de cette intervention dans le monopole. Si chaque esclave (car le
boulanger n'est que cela), abandonne sur la prime de 11 francs
par sac que l'administration lui alloue, seulement 2 francs, c'est
à la condition qu'il les retrouvera autre part. C'est donc un
bénéfice de 2 à 3 mille francs par jour que perçoit l'officieux
intervenant; mais en outre, et c'est là le point le plus grave, il
gagne une prépondérance *excessive* sur les autorités, sur les
réglements. Ils ne sont plus pour lui que des instruments dociles
dont il fait ce qu'il veut. Il est maître des déclarations, des
appréciations; tout n'est plus que faux semblants, moyens
détournés. Tout cela enfin constitue un monopole dangereux,
malfaisant, une prépondérance des plus redoutables, parce
qu'elle est la plus étendue, la plus libre, la plus indépendante.

Nous ne voyons pas quel inconvénient, quel danger il y aurait
à ce qu'il se constituât une contre-partie, une contre-puissance
égale en forces, mais différente en action. Assurément nous
n'avons pas la pensée de nuire à M. Darblay en le citant, en le
prenant pour parallèle. M. Darblay est un des grands noms de
l'époque, il a une grande célébrité; il a toujours opéré dans la

latitude de ses droits, de ses devoirs; il a une belle honorabilité
dans les très-nombreuses fonctions qu'il remplit auprès de tous
les établissements de finances, de crédit, dont il est un des
fondateurs et administrateurs; mais il y a loin de là à prétendre
que sa prépondérance, son importance hors ligne soient un bien;
qu'elles doivent lui être maintenues; nous disons au contraire
que tout réclame qu'elles soient contenues, ramenées à de justes
limites, et cela ne peut avoir lieu que par une concurrence à
forces égales mais de principes différents, par une constitution
rivale plus étroitement unie à l'intérêt commun.

Et d'ailleurs, M. Darblay sent, tout le premier, ce qu'il y aurait à
faire de mieux et de bien sur ce point; il s'y prête autant qu'il le
peut; mais, avant tout, il est dans le mouvement, il a des précédents, des intérêts à ménager, à concilier, et il marche, il mar-
chera toujours dans cette voie qui lui a tant produit. Arrêtons-le
quelque peu, faisons-le dévier de cette route.

L'usine la plus importante de M. Darblay est à Saint-Maur; il
a, là, quarante tournants dans un seul bâtiment, dix dans un
autre; ces usines sont mues par une force d'eau détournée de la
Marne. Notre usine en amont de Paris sera voisine de Saint-
Maur, mais plus considérable, plus accessible aux arrivages, plus
rapprochée de la consommation. Ce sera, il faut le dire, une concurrence redoutable, mais M. Darblay a, de reste, tous les moyens
de soutenir quelque concurrence que ce puisse être; qui oserait
se préoccuper de cette circonstance et le plaindre? Il est donc
bien temps d'entrer en lutte avec ce colosse.

Il se rattache, à cette position prédominante de M. Darblay, des
préventions, des idées singulières et dont il faut nous occuper ici.
Par exemple, tout le monde se figure que M. Darblay a, comme
influence, une valeur des plus considérables, un crédit des plus
étendus, qu'il exerce une fascination irrésistible, et que, du
moment où nous nous posons devant lui, en adversaire, il pourra
nous devancer et nous renverser partout; enfin rien ne serait
praticable contre lui, tout serait possible par lui, avec lui. Cette

pensée est tellement accréditée que nous sommes traité d'insensé, parce que nous voulons entrer en lutte contre M. Darblay.

Eh bien! nous croyons que quelque menaçant que soit cet obstacle, il n'est pas si redoutable. Le *bon sens, l'opinion publique* font justice de tout, font prévaloir en définitive ce qui est juste et généreux ; or, nous marchons envers et contre ces appréhensions. C'est qu'en effet on rencontre bien plus de peureux, d'esprits bornés, de courtes vues, que d'hommes ardents et à grandes idées.

Les usines Darblay sont bien montées, bien outillées; elles produisent bien et beaucoup; mais, comme elles datent de loin déjà et qu'avec elles on fait de très-brillantes affaires, on rejette tout ce qui est de création plus récente et meilleure. Nos usines auront, sur celles de M. Darblay, l'avantage d'être montées par des moyens d'une plus grande puissance et d'une incontestable perfection ; elles produiront encore mieux et davantage. Les hommes intelligents et capables de les bien diriger ne nous feront pas plus défaut qu'à lui ; nous n'avons rien à redouter et tout à gagner.

L'immense exploitation Darblay forme une administration, même des plus importantes, quoique sous un nom isolé; M. Darblay n'en est que l'administrateur *honoraire* ; ses relations étendues, ses fonctions honorifiques aux chambres des Députés, du Commerce, aux conseils de la Banque, des Crédits foncier, agricole, industriel, etc., doivent absorber une partie de son temps; par suite, il a donc associés, gérants, administrateurs, directeurs, intéressés, etc., etc. Or, on voit qu'à cet égard nous ne différerons pas beaucoup de lui, car nous formerons aussi une administration importante, et peut-être recruterons-nous des sujets brillants parmi les élèves de M. Darblay.

On le voit donc : notre combinaison ne renferme rien qui soit éventuel, inconnu; elle régularise, elle perfectionne. Et comment redouter, pour le pain, une conception large, un édifice solide,

4

majestueux, alors que Paris s'accroît, se peuple outre toute prévision.

Voici ce que dit M. le préfet à cet égard : « En 1856, la popula-
» tion de Paris était de 1,525,000 âmes. Cinq ans après un rou-
» veau recensement constatait, sur le même territoire, l'existence
» d'environ 1,700,000 habitants. » M. le préfet nous dit, en outre,
que la partie qui formait la banlieue a présenté une population de
plus de 500,000 âmes : ce qui donnerait, pour le nouveau Paris
seulement, *deux millions deux cent mille* estomacs à nourrir.
Comment, en présence d'un service autant énorme qu'impérieux,
s'effraierait-on d'une combinaison aussi concordante que rassurante.

N'élève-t-on pas pour le pain de l'âme des édifices à Dieu? Ne
construit-on pas pour les plaisirs mondains, des théâtres, un Opéra?
N'édifie-t-on pas, pour la sûreté du public, des casernes, monu-
ments qui parlent à l'esprit, sinon au cœur? Pourquoi ne ferait-
on rien de grand, de durable pour le pain du corps ? surtout
quand cela se peut faire, s'édifier sans charge aucune, avec
profit général et moralité.

Les plus incrédules, comme les plus ignorants, pourront se
rendre compte de la simplicité et de l'importance des usines que
nous projetons d'élever sur la Seine, en amont et en aval de
Paris. Qu'ils aillent voir ce qui a été fait à Marly par la liste civile
pour élever les eaux, ils trouveront là les types des difficultés que
nous aurons à vaincre, de ce que nous aurons à faire surgir des
eaux. Rien de plus grandiose, de plus naturel ; les flots mugis-
sants sont domptés par l'homme et pour le service de l'homme.
La dépense n'est rien en raison du service; l'humble directeur,
l'ingénieur, auteur de ces beaux travaux, nous a généreusement
guidé dans nos recherches. Il nous a montré la possibilité de
réaliser notre pensée de date ancienne ; il nous a montré qu'il
avait encore, malgré les forces prodigieuses qu'il utilise, la
place pour trois turbines d'une force de deux cents chevaux
chacune. Il nous a conseillé le barrage d'Andresy, en nous assu-

rant que nous aurions là une force de deux à trois mille chevaux et un emplacement des plus remarquables ; nous lui adressons ici toute notre gratitude pour ses bons offices et ses grandes idées.

Passons, après ce long exposé, au chapitre *capital*.

Capital industriel, commercial.
Meunerie, Boulangerie.

Nous admettons, dans notre devis, les proportions les plus considérables auxquelles nous pourrons arriver progressivement. Nous croyons pouvoir fixer le capital à 20 millions de francs, que nous répartissons ainsi qu'il suit :

> 10 millions en actions, par coupures de 500 francs ;
> 5 millions en obligations ;
> 5 millions empruntés à l'Etat et remboursables par annuités, selon l'esprit de la loi, qui met à la disposition de la haute industrie, des métiers et
> — machines, un prêt national.

ENSEMBLE 20 millions.

LEUR EMPLOI.

Nous pourrons ainsi atteindre le chiffre de deux cents paires de meules. Chaque paire coûtera, toutes dépenses comprises et au maximum, 40,000 francs, soit ensemble   8,000,000 fr.

Nous pouvons ouvrir dans Paris cent établissements de panification coûtant chaque 30,000 francs, soit ensemble. .   3,000,000

Les frais de dépenses journalières, fonds de roulement, approvisionnements en blés pour deux ou trois mois absorberont   9,000,000

ENSEMBLE   20,000,000 fr.

Nous sommes convaincu que notre plan étant adopté, consacré par les hautes autorités et patroné par S. M. l'Empereur, la réalisation de ce capital serait facile, assurée, bien que nous sachions la répugnance, le dégoût même que chacun ressent pour les entreprises par actions ; mais le bon sens et la portée essentiellement transcendante de la nôtre nous rendront favorable l'opinion publique. Car, malgré les déceptions et les méfaits, la puissance et la grandeur de la France sont encore dans l'esprit d'association. L'honorable président du tribunal de commerce l'a constaté, et il a rencontré un généreux écho dans le discours de M. le procureur général Blanche. Il n'y a donc pas à désespérer de l'esprit d'association. Il suffit de le bien présenter, de le bien diriger pour le faire revivre. Dix millions en actions garantiront bien cinq millions d'obligations, et alors que l'Etat a prêté généreusement plus de soixante millions aux industriels manufacturiers, afin de les aider à soutenir la concurrence étrangère, nous sommes bien fondé à demander au Trésor public cinq millions, à titre d'avance, remboursables par tempéraments. Car aucune industrie ne mérite plus d'être protégée que celle que nous voulons fonder dans des proportions nouvelles.

Capital pour les réserves. — Service de prévoyance.

Ce service qui représente la source de grands profits, comme d'une mesure la plus utile, réclame, nous l'avons déjà dit, un capital proportionnel, et en tout cas trop considérable, trop peu rémunéré, pour qu'il se trouve dans un fonds social. Nous en avons indiqué le principe dans un EXPOSÉ que nous avons présenté sur les réserves, il y a un an ; nous soulevons ici de nouveau la question en application à notre opération *blé-pain*.

Dans notre conviction la plus intime, le seul moyen assuré

d'accomplir cette condition des réserves, c'est d'élever le blé à l'état de capital, de lui faire jouer le rôle de lingot, en le rendant à la circulation par des signes représentatifs, — par comparaison, le billet de banque, — mais dans une proportion opposée.

Nous ne nous arrêterons pas ici sur ce capital ; seulement nous dirons que l'esprit des réserves, c'est-à-dire *achat* et *emmagasinement* pendant les périodes d'abondance, pour atténuer ensuite les déficits, appartient de toute nécessité à notre combinaison, et qu'il nous faut le lui donner dans une proportion quelconque. Et, comme il s'agit ici d'une législation nouvelle, de mesures différant des magasins généraux, entrepôts, warrants, etc., comme il faut au blé une constitution spéciale, nous attendrons que les législateurs aient donné leur avis. Nous en indiquons seulement ici l'utilité, le principe.

On a dit que *gouverner c'était prévenir*. Nous dirons, à l'égard des réserves, qu'il n'y a pas de gouvernement tant que les réserves ne sont pas constituées, assurées. La liberté n'est point un gouvernement.

Quels sont les obstacles qui se présentent ?

Qu'avons-nous à redouter ?

Nous entrevoyons bien des obstacles, bien des difficultés, mais elles sont toutes de forme ; ce ne sont qu'illusions, chimères, erreurs, préjugés, vanités ; au fond, il n'y a rien là de sérieux, d'irrésistible. Nous n'avons donc rien à redouter, car nous n'avons, devant nous, que des conceptions usées, impuissantes, dangereuses, compromettantes. Mais la vérité a peine à se faire jour, lorsque l'erreur et les préjugés occupent sa place ; ils sont bien tenaces, bien difficiles à faire reculer. Qu'importe ! nous avons donné de l'avant ; ne rétrogradons pas, continuons à dévoiler le mal et les préjudices ; faisons triompher la vérité sur toute la ligne ; ce sera le sujet des chapitres qui vont suivre.

CHAPITRE IV.

LA LIBERTÉ DES CÉRÉALES; — CE QU'ELLE PRODUIT.
LA SPÉCULATION S'EMPARANT DE LA LIBERTÉ.

L'exagération est toujours une mauvaise conseillère ; accordons à la liberté ce qu'elle a de bon, sans en dénaturer les effets.

La liberté commerciale, industrielle, est un bienfait ; elle nous rapproche, plus qu'on ne le pense, des libertés politiques. Comme la liberté politique, la liberté des céréales ne saurait être bonne qu'autant qu'elle sera réglée, dirigée par des mesures de prudence, de prévoyance, qui constitueront la *réserve*.

De convention, la liberté à l'égard de la libre circulation du blé, entrée et sortie, existe depuis 1853 ; l'échelle mobile étant depuis lors tenue en suspens, de fait et de droit, cette liberté n'a été consacrée que depuis quelques mois.

Lorsqu'éclata la crise alimentaire de 1853, le gouvernement déclara loyalement, mais assez tard, en octobre, qu'il ne prendrait aucune part dans l'action de l'approvisionnement, et qu'il s'appuyait sur l'action du commerce, de la spéculation. Le déficit fut combattu avec énergie par cette action libre, et le prix du pain ne fut pas d'abord élevé au-delà de 40 à 45 centimes le kilogrammes. Ce fut seulement plus tard, alors que de nouvelles alarmes se manifestèrent par la situation mauvaise de la récolte, que les hauts prix se produisirent.

Cette année, au contraire, et avec la liberté *de facto*, le prix du pain est poussé à 50 centimes le kilogramme, dès le lendemain de la récolte et avant que le déficit ait été apprécié, constaté. Ce prix soulève des craintes, des murmures ; il cause des désastres financiers, les capitaux se raréfient, la confiance disparaît. Ce fut une véritable calamité publique que ce prix de 1 franc attaché au pain de 2 kilogrammes. Depuis, il y a bien eu baisse graduelle de 2 à 10 °/° ; mais, qu'on le sache bien, cette baisse passagère n'est pas due aux arrivages plus ou moins abondants; elle est la conséquence de cette *atonie* qui s'est répandue sur toutes les affaires et à laquelle n'a pu résister ce complot de la hausse. Et quel sera le prix du pain un peu plus tard : en mars, en mai ? Cette incertitude est pleine de défiances, de périls.

C'est sous l'influence de ce triste début que nous est apparue la loi de la liberté des céréales.

Mais allons plus loin ; comparons. En 1853, la nation n'était pas encore sortie du chaos des révolutions, le trône n'était point affermi, l'on n'avait pu prévoir le déficit, on ne savait où il existait du grain, où en aller chercher; au contraire, en 1861, la position se présente toute différente : il y avait eu des avertissements; on avait reçu des communications ; on savait, dès avril, par une large discussion à la Chambre, que la récolte se présentait mal ; c'était peut-être une raison pour différer de permettre l'exportation; d'autre part, il avait été mis à découvert des approvisionnements immenses de blés, de céréales.

On avait signalé l'Angleterre comme étant pourvue d'un stock considérable; elle avait importé pour un milliard de blé. La Russie était présentée comme possédant des masses encombrantes de céréales ; divers rapports les portaient à 63 millions d'hectolitres, dont 44 en blés. L'Amérique offrait plusieurs excédants de récoltes et il était connu que, pour faciliter le mouvement de ces masses, les compagnies de chemins de fer avaient baissé leurs tarifs de 40 °/°. Voilà ce qui était accrédité, constaté ; et ces blés, nous aurions pu dès lors les avoir rapidement et à frêts réduits au prix de 10 à 12 francs l'hectolitre. Cependant rien ne s'est produit; tout est resté stationnaire, en apparence du moins.

Mais, seulement le lendemain de la récolte et tout-à-coup, un cri d'effroi a retenti, le mot terrible *déficit* a circulé partout, a jeté l'alarme, a tout troublé ; le blé a haussé outre mesure et le pain de même. Alors la conspiration s'est dévoilée, le complot a éclaté. On a d'abord couru par milliers dans les ports anglais ; on en a fait revenir des blés de Saumur exportés à 14 francs et rentrant à Nantes à 30 et 33 francs. O surprise pour ces blés ! O sottise de notre part ! Le mouvement a été grand, étendu ; on le sait, nos ports sont encombrés, mais le coup a été porté : la récolte insuffisante sera comblée, mais avec des prix exagérés de cent pour cent. C'est ce que voulait la spéculation, elle a triomphé ! C'est là ce qu'a produit la liberté !!

Nous le demandons franchement aux partisans de cette liberté effrénée, sont-ce là les effets qu'elle est appelée à produire ? Sont-ce là les bienfaits qu'elle tient à notre disposition ? mais alors rien n'est changé, rien n'est amélioré ; au contraire, le lien moral qui retenait est brisé ; fatale erreur ! funeste confiance !

De fait, la liberté est donc la spéculation, le complot permanent, c'est-à-dire le désordre, la désorganisation. Mais alors il nous faut autre chose, et puisque la liberté est la divinité du jour, convenons qu'elle a besoin d'être perfectionnée, d'être *muselée*, tenue à distance. Comment la liberté en vient-elle à ces résultats ? C'est parce qu'elle est absorbée par la spéculation, que rien ne se présente devant elle, à l'opposé d'elle. Nous verrons dans toutes les parties détachées qui constituent notre régime alimentaire : le pain, nous verrons partout et toujours dominant la spéculation ; non la spéculation effective, mais la spéculation de bascules, de sauts et d'extrêmes.

Nous approuvons fort les organes du gouvernement lorsqu'avec tant d'éloquence ils nous démontrent dans l'action de la liberté, le bienfait que nous lui devons de nous avoir procuré de quoi remplacer notre manquement en blé ; mais si ce bienfait ne nous délivre pas des hauts prix, si nous sommes toujours exploités, nous n'y gagnons rien. La spéculation est puissante, elle a des ramifications étendues ; alors coupons-les, étouffons la spéculation...

Le peuple, dans sa naïveté, a instinctivement fait remonter

jusqu'aux gouvernements la responsabilité de la privation de *pain*, et les gouvernements n'ont jamais permis que nul, autour d'eux, élevât la voix pour révéler les véritables causes du mal et pour appliquer le remède. Et cependant les gouvernements sont émus à la moindre clameur du peuple soulevée par le pain. Eh bien ! les gouvernements, vraiment populaires, rendraient ces dangers nuls, ces craintes chimériques si, par eux ou par de bons rouages législatifs, les temps d'abondance et de prospérité avaient été employés à organiser, à prévenir, à prévoir, à assurer, à faire en un mot notre éducation économique.

Le père de famille qui nourrit quatre enfants leur doit la ration de pain quotidien : s'il ne peut la leur procurer, il manque à son mandat le plus impérieux ; si le haut prix l'oblige à rogner cette ration, il altère la santé de ses enfants, il ne donne pour l'avenir à la nation que des sujets chétifs, de mauvais soldats, de faibles laboureurs ou travailleurs. Après cette première obligation remplie, qu'importe que les enfants traînent des haillons, des sabots ; s'ils ont l'estomac garni, ils iront bien. Le gouvernement est le père de tous, et s'il veut gouverner il doit assurer le pain ; il doit prévenir les déficits, se prémunir contre eux. Avec la liberté seule, le système alimentaire est abandonné, il est à comparer à l'hydre aux sept têtes toutes béantes et dévorantes ; il faut trancher ces têtes ou tout au moins les dominer par une puissance supérieure et protectrice.

Malheureusement nous n'apercevons pas ces bonnes dispositions dans les tendances du gouvernement. Ces tendances sont jusqu'ici toutes en faveur de la liberté. Espérons que l'expérience du temps présent, et la calamiteuse cherté lui feront reconnaître qu'il y aurait beaucoup à gagner en conciliant *Liberté* avec *Réserve*. Dans un chapitre prochain nous en démontrerons les bons effets.

Nous nous associons de grand cœur aux paroles de M. le comte de Morny, lorsqu'il dit que « *les libertés civiles donnent à l'homme,* » *au citoyen, le sentiment de sa valeur industrielle, de ses devoirs,*

5

» *et lui inspirent le sentiment de la prévoyance...... L'habitude*
» *de compter sur le Gouvernement plus que sur soi-même, engen-*
» *dre une paresse, une faiblesse d'esprit qui énervent l'individu*
» *et égarent ses sentiments politiques et humanitaires.* »

Pourquoi donc M. le comte, président de la chambre, a-t-il été
d'un avis (selon nous funeste), qu'il fallait écarter de la discussion, lors de la loi des céréales, ces belles et nobles pensées :
Prévoyance, humanité!... Pourquoi M. le comte a-t-il fait dis-
traire de la discussion tout ce qui se rattachait au service des
réserves pour livrer l'avenir de son pays à la liberté, à la liberté
seule, c'est-à-dire à l'aveuglement, à la passion, au hasard. Mais
ce ne sont là ni le dernier mot ni la dernière pensée de l'honorable député, ami et conseil de l'Empereur ; là n'est point non
plus la pensée absolue de la chambre ni de la nation. On revien-
dra sur cette décision ; il faudra bien avoir recours à ce puissant
auxiliaire mis de côté : la *Réserve*, et nous y aurons contribué.

CHAPITRE V.

DÉFICITS, DISETTES.— EXCÉDANTS, PLÉTORES.— RÉSERVES.

Le déficit s'acclimate en France ; ceci est une triste vérité, il
est, année commune, de plus d'un million d'hectolitres. Il grossit,
chaque année, parce que la consommation de pain de blé s'étend,
se développe de plus en plus et bien au-delà des accroissements
de la production qui peuvent résulter des moyens d'améliorer la
culture.

La liberté a été proclamée en vue d'encourager l'agriculture et
pour lui assurer les moyens d'écouler ses excédants. A côté de
cette assurance, il serait bon, selon nous, de donner au pays celle

de retenir dans son sein une certaine quantité de blé alors que cela peut se faire et procurerait même un avantage à l'agriculture.

Les déficits et les excédants sont alternatifs ; ils s'apprécient difficilement, imparfaitement, tardivement. A l'égard de tout ceci, il y a une lacune à remplir ; nous montrerons plus tard comment on peut y parvenir.

Le déficit de 1861 a été porté d'abord à 10 millions d'hectolitres, puis à 15 et ensuite à plus encore ; quel est-il réellement ? Nul ne le sait. Ce que l'on sait, ce que l'on sent, c'est qu'il se comble, mais avec une hausse considérable et en causant une perturbation des plus funestes. Cependant nous avons eu, en 1857-58, des récoltes très-abondantes, lesquelles ont produit des excédants estimés à 40 millions d'hectolitres. Que sont devenues ces richesses si précieuses ? Elles se sont éparpillées, elles ont été dirigées à l'étranger à vil prix, occasionnant des pertes au lieu d'enrichir. N'eût-il pas été beaucoup plus avantageux de penser à mettre d'abord, sur ces 40 millions, 10 millions seulement d'hectolitres formant *réserve*, assurant l'avenir ; on eût d'abord évité par cette mesure la dépréciation, et plus tard on se serait soustrait à l'impôt lourd, à l'obligation de se laisser rançonner par l'étranger, par celui-là même qui déjà nous avait exploités en profitant.

Eh quoi ! la France a eu, en deux années, 40 millions d'hectolitres d'excédant ; deux ans plus tard, elle a 10 millions de déficit, et elle ne trouve plus rien pour y apporter une compensation !! Elle a neuf ou dix mois pour combler ce déficit, et le lendemain de sa récolte elle crie : *merci* ; elle appelle, de tous côtés, des secours qu'elle devrait trouver en bonne partie dans son intérieur, avec lesquels elle pourrait attendre et recueillir les avantages que présentent les offres, et échapper ainsi à la défaveur que cause la demande, surtout la demande précipitée, exagérée !! Triste rôle.

Nous sommes encore et bien de l'avis de M. le comte de

Morny, lorsque, voulant faire l'apologie de la liberté seule *suffi-sant à tout*, il dit que l'équilibre se produit dans la nature, par la nature, que l'excédant existe sur un point pour conjurer le déficit qui se produit sur un autre, *balance*. — Cela est vrai ; la nature, dans sa prévoyance, agit ainsi capricieusement; mais nous demandons à l'honorable président du Conseil-général du Puy-de-Dôme s'il est dans la nature que la France écoule difficilement et à perte, à 14 ou 16 fr., pour se pourvoir plus tard, lorsque le caprice de la nature la frappe, à cent ou cent cinquante pour cent plus cher, c'est-à-dire à 30 et 35 francs ?

Assurément c'est interpréter les voies suprêmes et cachées de Dieu bien faussement, et, disons-le, bien naïvement, que de le croire ainsi ; avec un peu de sens et de réflexion, on trouvera cela incroyable. C'est cependant là le rôle que l'on fait jouer à la France toujours et encore.

Relatons seulement ce qui nous touche :

1853-54 ⎫
1854-55 ⎬ Déficits, disettes, chertés, calamités.
1855-56 ⎭

1857-58   Abondance, excédant de 40 millions d'hectolitres, prix très-bas, encombrements.

1859   Récolte ordinaire en quantité; très-bonne en qualité ; prix bas.

1860   Récolte moyenne ; qualité moyenne ; prix assez élevés.

1861   Récolte inférieure, mais de bonne qualité ; déficit de 10 à 15 millions d'hectolitres, c'est-à-dire la consommation de deux mois environ ; prix excessif : 30 à 35 francs; panique, terreur, crise financière !!!

Assurément, on en conviendra, ce n'est là une position ni normale, ni soutenable ; elle est fausse, lourde, abusive. Cette position oscillatoire de bascule est favorable à la spéculation, à l'agiotage. Dans cette hypothèse, il n'y a réellement pas de gouvernement qui puisse se dire maître de la position. Redisons-le donc : *Gouverner c'est prévoir*. Or, le gouvernement peut nous faire sortir de cette impasse ; *il ne lui faut que vouloir*.

Il est facile de comprendre que l'équilibre de cette période de 1857 à 1861 se trouvait dans l'excédant de 40 millions d'hectolitres. Il ne fallait pour le trouver, cet équilibre, que savoir en retenir un quart seulement. Cette réserve nous eût sauvés de cette dernière crise.

Ce qu'il y a de remarquable, c'est que ces cris de détresse, *déficit, crises alimentaires*, partent toujours de la France ; c'est chez elle que la surprise et l'imprévoyance se manifestent d'abord, pour se répandre ensuite autour d'elle. — En résulte-t-il un grand avantage pour les nations qui exportent les masses de blés qui viennent la ravitailler ? Nous ne le croyons pas, puisque ces appels de la France font hausser le prix du pain à peu près partout.

On peut alors conclure de là que si la France adoptait une réforme alimentaire qui la préservât de l'intensité de ces crises, elle rendrait service à ses voisines et amies en maintenant l'équilibre chez elles-mêmes. Le mouvement du blé ne s'en exécuterait pas moins ; le niveau se ferait, mais selon les règles de la nature et de la fraternité, c'est-à-dire avec calme et d'après une équitable appréciation.

Encore une fois, en ceci la France imprimerait un grand essor au régime alimentaire ; elle se placerait à la tête d'une généreuse réforme utile à toutes les nations.

CHAPITRE VI.

L'AGRICULTURE.— L'AGRICULTEUR.

Ce que la nation a à en attendre.
Ce que leur doit la nation.
Les Sociétés d'Agriculture, les comices agricoles sont les appréciateurs
naturels, les arbitres des récoltes.

Nous n'avons certes pas la prétention de faire ici un cours d'agriculture, nous désirons seulement faire apprécier le rôle que remplit l'agriculteur dans ces temps de crises, la part qu'il y prend, les avantages qu'il en retire.

Nous ne croyons pas que l'agriculteur ait à gagner quelque chose à ces oscillations si brusques dans le prix du blé. Son inté-rêt, sa sécurité reposent sur un état calme, sur un prix rémuné-rateur. On le sait, cette situation normale, régulière, n'est pas dans les habitudes de la nature; elle est donc à créer, c'est la tâ-che que Dieu nous impose, et à laquelle le cultivateur doit par-dessus tout concourir.

Concilier la position du producteur de blé avec celle du con-sommateur du pain, faire concorder les avantages d'une expor-tation libre avec les besoins de l'importation, ce sont là des tâ-ches à remplir qui demandent plus que de la liberté. Elles récla-ment des mesures d'ordre, d'intérêt général; elles ont besoin d'être aidées par la confiance, le crédit, l'assurance de soi-même.

Il ressort de tous les documents officiels produits, que notre agriculture est inférieure à quelques autres, notamment à celle de l'Angleterre. En ce pays, l'hectare de terre produit vingt-huit hectolitres de blé, et chez nous treize; en Angleterre, la terre rapporte donc un revenu deux fois plus considérable qu'en France. La raison de cette supériorité se trouve dans la protection éclairée que la nation accorde à l'agriculture. Le gouvernement anglais a doté la terre de deux cents millions; mais, à son tour, la nation l'a dotée d'une somme trois fois supérieure par des constitutions de *crédits spéciaux* à l'agriculture.

Cela est 'dit, redit par des hommes très-sérieux ou devant l'être ; nous devons le croire. Pourquoi ne ferait-on pas de même en France ? Nous voyons, chez nous, toutes les entreprises que l'on tente, tous les crédits que l'on a l'intention de constituer en faveur de l'agriculture, avorter, tomber en impuissance ; pourquoi ?... parce que les efforts sont mal dirigés. On accorde chez nous le *nom*, et on refuse l'*effet !*

Le blé est la production la plus précieuse pour la nation, et la plus importante pour l'agriculteur.

Supposons que la Providence nous soit propice en 1862, que le blé vienne bien, qu'il arrive à bonne maturité, l'agriculteur retirera vingt-huit ou trente hectolitres par hectare de terre ensemencée en blé (le nombre en est de sept millions à peu près) ; la culture aura donc à récolter, à mettre en grange, *deux cent millions* d'hectolitres ; c'est le double de la consommation. Que fera l'agriculteur de cette richesse, de ce bienfait de la Providence ? La bénira-t-il, la maudira-t-il ? Telle est la question.

Par qui sera-t-il aidé en cette abondance? Nous répondons : par personne. Il ne trouvera aucune mesure gouvernementale, aucune institution d'initiative privée qui lui viennent en aide. Dans ce cas, la spéculation, l'agiotage se tiennent à l'écart ; les prix s'avilissent, les insectes destructeurs pullulent ; les abris, les soins manquent ; l'abattement, le découragement gagnent tout le monde.

C'est alors que l'on voit poindre, sur les côtes, quelques vaisseaux étrangers, anglais, qui sentent que, pour eux, il y a quelque chose à faire ; alors il se produit un peu d'exportation, seule ressource qui se présente à nos producteurs de blé.

On a montré à l'agriculture française, en parallèle de la liberté d'entrée et de sortie, l'Angleterre comme ayant toujours des besoins, des vides à combler ; mais on ne lui a pas assez fait voir que l'Anglais ne nous achetait jamais nos blés qu'alors que nous le soffrions à très-bas prix et de très-belle qualité. Autrement l'Anglais se pourvoit sur d'autres marchés qui servent d'aliment à sa très-nombreuse marine, qui donnent de l'écoulement à ses nombreux produits manufacturés.

Que peut faire à ces causes, si déterminantes pour lui, la traversée de notre détroit, notre marché si peu favorable à ses produits? Rien, rien. Nous ne livrerons donc à l'Angleterre nos blés qu'à un prix vil, et l'Anglais saura nous les revendre avec bénéfice de cent pour cent. C'est l'histoire de toutes les époques de crises.

Nous avons cherché à rassembler toutes les opinions favorables à la nôtre sur ce qui est véritablement le crédit dont a besoin l'agriculture. Nous avons rencontré partout, et nous avons démontré que la base de ce crédit, c'était le *blé* ; que faire du blé un élément de forces, de ressources pour le producteur, c'était lui venir le plus sainement, le plus adroitement en aide. Nous avons établi que faire du blé office de métal, c'était enrichir la nation et le public d'une valeur à nulle autre comparable. C'est ce qu'on attend, c'est ce qui ne peut sortir, se constituer que du consentement de l'Etat.

Lorsque la nation aura fait ces sérieuses concessions à l'agriculture, elle sera en droit de lui demander ce qu'elle ne lui accorde pas, c'est-à-dire plus de dévouement, plus de discernement. Le producteur de blé, alors qu'il a l'abondance, est abandonné à son découragement ; il est, en sens contraire, provoqué, surexcité, alors qu'il récolte peu. Dans ce dernier cas, il cherche à se récupérer par des prix extrêmement élevés. C'est ainsi que, dès septembre dernier, l'agriculteur trouvait le prix de cinquante francs trop peu élevé pour une mesure d'un hectolitre et demi, soit cent vingt kilos ; où donc voulait-il nous mener?

Il est vrai que la spéculation le trompait en l'excitant; un spéculateur accapareur lançait, sur un même marché, *cinq, dix*
acheteurs, alors qu'il lui en fallait un seul. La demande se trouvait ainsi multipliée, la prétention grossissait. La réaction est
heureusement survenue, et, plus tard, l'agriculteur n'a plus
trouvé que quarante-quatre ou quarante-cinq francs de ce dont
il avait refusé cinquante.

L'appréciation de notre récolte en blés se fait mal, sur
des bases incertaines et sans autorité. Il est facile au détenteur,
comme au producteur, de faire le vide, de dissimuler. Nous
croyons que les membres des comices agricoles, des sociétés
d'agriculture, pourraient, à cet égard, rendre d'éminents
services. Ce serait de faire, à un temps bien déterminé, la
constatation de la récolte, d'en arbitrer la valeur, et de fixer
ainsi l'opinion publique sur le sort de la campagne. On éviterait,
par ce concours éclairé des hommes les plus compétents, ces
surprises, ces oscillations, ces chances de gros profits pour les
uns, de grosses pertes pour d'autres. L'agriculteur trouverait,
dans ces appréciations, un point de départ pour ses opérations ;
il serait tranquille ; la malveillance ne serait pas aussi facilement
accueillie ; la vérité la plus exacte serait proclamée.

Nous pouvons dire ici, à l'égard des sociétés d'agriculture et
des comices agricoles, que ces honorables compagnies ne sor-
tent pas assez souvent du programme tracé par l'administration.
Il pourrait même être à craindre que des ambitions personnelles
se fissent, des succès obtenus, des primes gagnées, un marche-
pied pour arriver aux dignités, à la députation, et mettant
ainsi de côté le véritable but de l'association.

Il n'y a point là cet esprit d'initiative, de dévouement au bien
général qui conduit les hommes à de grandes choses. Attendre
tout du gouvernement, c'est affaiblir les libertés d'esprit, les sentiments du cœur; c'est faire abnégation de tout ce que nous avons
de plus précieux, la *liberté de la pensée et de l'expansion*.

Nous aimerions, quant à nous et dans l'intérêt de notre cause, voir le gouvernement permettre, provoquer même, les effets des initiatives privées, surtout alors qu'il s'agit d'une question de l'ordre économique général'le plus élevé, et qu'ainsi chacun sût que le chef de l'Etat n'entend pas que tout et toujours vienne de ses prérogatives, tombe de sa main.

Il nous a été dit par un membre de la Société impériale et centrale d'agriculture de France : « Vous avez demandé à la » Société de se prononcer sur vos conceptions concernant un » projet de *réserves en blé*, de *crédit agricole* par *le blé* ; et vous » croyez qu'elle en dira quelque chose ? il n'en sera rien. Ah ! si » le gouvernement la chargeait de l'étude de votre travail, de » vos idées, alors ce serait différent...»

Nous terminons ce chapitre, sur lequel nous pourrions bien autrement nous étendre, en exprimant un regret bien vif ; et nous croyons remplir un devoir envers cette Société *impériale et centrale d'agriculture de France*.

Nous avons dû succomber devant elle sur ces questions pourtant si palpitantes de *réserves* en blé, de *crédit agricole* par le blé, par l'effet d'une indifférence incroyable... et sous l'influence de son membre rapporteur.

L'honorable Société a chargé de ce travail celui de ses membres auquel elle devait le plus se garder de le confier et celui qui, de son côté, devait se faire un point d'honneur de ne pas l'accepter. Ce membre est M. Pommier, chargé de la rédaction du journal l'*Echo agricole*, organe de la gent farinière, journal tout dévoué, suborné à M. Darblay, notre adversaire direct. Comment attendre d'un homme ainsi placé une indépendance? Aussi, M. le rapporteur journaliste nous a sacrifié à sa position, à ses rancunes *de parti*. Mais ce qu'il y a de plus étrange, c'est que M. Pommier a pu donner ainsi un démenti le plus flagrant à l'honorable Société sans qu'elle s'en aperçût. En effet, plus de la moitié de ses membres ont porté devant la commission d'enquête, au conseil d'Etat, un vote, des vœux on ne peut plus expressifs et favorables, pressants même, pour les réserves, pour le Crédit.

Et ce qui est plus étrange encore, c'est que M. le secrétaire perpétuel, le savant chimiste *Payen*, qui a tant parlé, tant écrit en faveur de la conservation du blé, lui qui apprécie toutes les économies à recueillir de cette mesure, lui qui a patroné le système aérateur Vallery, ait dû entendre le plus passivement M. le rapporteur lui infliger un démenti, en déclarant non utiles ces mesures de la conservation, des réserves. Disons-le : M. le rapporteur a été plus pitoyable encore qu'impitoyable ; et la société l'aura reconnu plus tard, car elle n'a point déféré à notre demande de communication de ce rapport, dont nous avons entendu lecture par hasard. Nous avons protesté, et nous ne nous en tiendrons pas là.

CHAPITRE VII.

TRANSPORTS DU BLÉ. — CHEMINS DE FER. — NAVIGATION.

Pour ce que nous essayons de démontrer et faire prévaloir, la question du déplacement des grains, des conditions de la locomotion, est très-importante.

Plus le blé pourra être déplacé, transporté sûrement, facilement, avec vitesse et économie, mieux cela vaudra pour les intérêts des consommateurs et la facilité des réserves.

Le gouvernement l'a bien compris ainsi, lorsqu'il a fait disparaître les droits de navigation sur les points dépendant de son action. Il en reste encore d'autres, et cela lui impose une obligation qu'il saura remplir.

Les chemins de fer, leurs tarifs, leur monopole, appellent toute notre attention ; ils sont restés stationnaires depuis la création. Ce qui s'est passé, depuis quatre mois, dans nos ports de mer, à

Marseille, au Havre, mérite une mention. A Marseille, particulièrement, il y a eu encombrement, insuffisance de matériel, d'espace
et d'abris pour quatre à cinq millions d'hectolitres.

Cela indique que si la France veut concentrer en elle un commerce de grains, devenir le grand réservoir des blés, ainsi que
sa position lui permet de l'espérer, elle a pour cela beaucoup à
faire. Nos ports maritimes, Le Havre, Dunkerque, Nantes, Bor-
deaux, Marseille, ont à remplir un rôle important en présence de
la libre importation, de la libre exportation. *Exemple* : Devons-
nous n'importer des blés étrangers qu'alors que nous éprouvons
chez nous un déficit ? Dans ce cas, nous payons ces blés fort
cher : nous les jetons aussitôt dans notre consommation.

Devons-nous, au contraire, importer alors que la surabon-
dance et les bas prix se produisent sur les marchés étrangers,
et faire de ces importations une *masse d'attente*, une spéculation
sérieuse ?

Contre-partie. Devons-nous n'exporter qu'alors que nous
sommes chargés d'excédants, alors nous exportons à prix très-
bas ? Devons-nous exporter en tous temps, quelle que soit la
récolte ?

Quelle que soit la réponse à ces questions, et de quelque côté
que tournent les idées et le mouvement, il est impossible de ne
pas reconnaître que nous ne sommes prêts à rien, puisque quelques arrivages, quelques millions d'hectolitres mettent tous les
services en désarroi.

Les blés étrangers ne devront entrer en consommation que
comme fraction et mélangés avec les nôtres ; c'est le moyen d'en
tirer le meilleur parti. Or, il faut les héberger, les soigner, autrement ils feront beaucoup de déchets, étant déjà fatigués par les
transports et par la mer.

Plus les blés étrangers pourront pénétrer avant dans l'intérieur, plus ils feront office de pondérateur.

Plus nos blés de l'intérieur pourront se diriger facilement sur
les points extrêmes, mieux ils rempliront le mandat officieux que

l'on attend d'eux. Le transport est donc le point le plus important dans ces deux éventualités.

Eh bien ! il est reconnu que les tarifs des chemins de fer sont encore une entrave à la circulation du blé. Le service n'en est pas assez assuré ; le prix en est trop élevé ; les classes, c'est-à-dire les parcours, les espaces, sont trop fractionnées. Nous avons déjà exprimé notre désir, nous le renouvelons ici : nous demandons qu'il n'y ait, à l'égard du blé, que deux classes, première et deuxième, et deux prix, soit trois centimes pour le parcours le plus étendu, et quatre centimes pour le moins long, et par tonne.

Nous distinguerons encore ici l'intérêt des opérations sérieuses et de longue haleine, des opérations de spéculation ou de réalisation immédiate. — Il y a là deux physionomies bien différentes.

Celui qui achète de fortes parties de blé pour son emploi, pour le besoin de ses usines, doit rechercher le bas prix ; il peut alors accorder plus de temps, fractionner ses transports ; mais celui qui achète au contraire pour revendre, réaliser, spéculer, recommencer ensuite, celui-là a besoin d'être servi à la minute, à quelque prix que ce soit ; car le terrain est brûlant. Marche le blé, coûte que coûte.

Et c'est toujours, dans l'état actuel des choses, ce dernier cas qui se présente. Les acheteurs si nombreux, qui ont surgi dans ces derniers temps, soit sur les marchés étrangers, soit sur les ports de mer, n'étaient pas des consommateurs, des usiniers, mais bien des intervenants spéculateurs opérant pour diviser, réaliser, gagner ou perdre. *Réaliser !* Tel était le caractère de cette masse d'acheteurs, oiseaux de passage, on peut dire *vautours,* oiseaux de mauvais augure.

Pour nous, qui demandons que le blé étranger soit toujours à notre portée, qu'il soit dirigé directement du navire ou de l'entrepôt à nos usines, nous tenons essentiellement à cet abaissement de prix. C'est un des éléments sur lesquels nous comptons pour présenter aux consommateurs, à nos clients, un abaissement de prix.

Cette nécessité de la révision des tarifs des chemins de fer est reconnue par tous; et nous sommes surpris qu'au sein de la Chambre législative elle ne se soit point produite, lors de la dernière discussion sur le blé. Disons-le encore ici, nous regrettons qu'à l'égard de ce qui est de l'initiative première et des hautes influences, on en soit toujours réduit à attendre.

On a pu le voir et s'en convaincre, les questions d'*importation, exportation, situation des ports de mer, situation d'intérieur*, intérêts opposés, en quelque sorte, et cependant qu'il est indispensable de concilier, ces questions, disons-le, sont difficiles, délicates à résoudre. Ce n'est pas par ce mot de *liberté*, par l'action de cette *liberté*, libre entrée, libre sortie, qu'on y répondra. Et cependant, c'est tout ce que l'on a fait. Que de discussions savantes, que de vérités ont été mises à découvert! que de temps perdu pour si peu! Le temps et les événements conduiront au but, objet de nos si vives préoccupations; mais sera-t-il temps encore pour nous?

CHAPITRE VIII.

LA MEUNERIE ACTUELLE. — SON VÉRITABLE CARACTÈRE.

Nous avons dit, au début de cet exposé, que la meunerie était le principal obstacle à l'économie du pain, qu'elle avait un esprit, un caractère tout spéculatifs; nous allons essayer de le prouver. Nous relaterons ici un document récent des *Annales judiciaires*, qui nous dispensera de longs commentaires.

Voici ce document curieux :

14 novembre 1861.

Le commerce des Grains. — Transmission par filière.

« Pour assurer aux transactions du commerce des farines une célérité qui est tout à fait l'âme de ce genre de spéculation, les

meuniers et marchands de farines emploient, pour en faire passer
rapidement la propriété dans des *milliers* de mains, des espèces de
warrants appelés *filières*, transmissibles par un simple endosse-
ment. La *filière* constatant le dépôt des farines et leur vente, reçoit
quelquefois jusqu'à *cinquante* endos par jour, sans intermédiaires parasites et sans frais. C'est, à proprement parler, une véritable monnaie commerciale.

» Un débat relatif à l'usage des *filières* était porté, hier, devant
le juge des référés. M. Morel, meunier à Corbeil, dont les farines
figurent parmi celles dites *quatre marques*, a remis au chemin de
fer d'Orléans cinquante sacs de farine, *fleur de sa marque*, à sa
propre destination, Morel, en gare d'Ivry. Il a cédé sa *filière
ordre de livrer* à M. Gillain, négociant. Celui-ci a fait circuler le
titre endossé, et plusieurs commerçants, entre autres un M. Baillet, en sont devenus propriétaires.

» Deux créanciers de ce dernier, en vertu d'une ordonnance du
juge rendue sur requête, ont aussitôt formé des oppositions entre
les mains de la compagnie du chemin de fer d'Orléans, à ce qu'il
ne fût fait livraison des cinquante sacs de farine à M. Baillet. Mais,
par un bizarre effet de la spéculation, la *filière* était redevenue
la propriété de M. Gillain, le premier acquéreur et premier en-
dosseur de ce titre, etc. »

Beaucoup de personnes auront pensé, jusqu'au moment où
elles auront lu ce qui précède, que le meunier était tout bonne-
ment un broyeur de blé, conduisant sa farine du moulin au fournil, et en faisant le prix 'd'accord avec le boulanger. Il n'en est
point ainsi. Le meunier fait sa farine, plus ou moins *fleur de sa
marque*, pour en faire une balle lancée sur le tamis de la spécula-
lation. Cette balle, ainsi lancée, passe, par sauts ou soubresauts,
en *cinquante*, voire même en *mille* mains. On le voit : il y a bien
loin du chemin direct du moulin au pétrin. Pauvres consommateurs de pain! vous êtes joués, ballotés, dupés.

Nous n'avons rien à commenter en présence de cette pièce.
Exprimons cependant un regret, celui de voir l'admiration

qu'excite la relation de ce débat, pour ce genre de spéculation, et la célérité qui en fait l'âme. Nous trouvons que ce mot *filière* est digne du vocabulaire des cours d'assises; c'est qu'en effet l'opération en elle-même sent bien fort cette juridiction.

C'est particulièrement sur les marques, dites quatre et six, que portent ces enjeux, car ce ne sont que des marchés ou endos à différences. C'est bien le cas de dire : *fatale distinction!*

A côté des meuniers et des *intervenants par filières*, il y a les *intervenants* dits *négociants en farines*. Ce sont, en général, des hommes bien posés auprès des financiers; ils ne sont pas *meuniers*; cependant ils sont réputés *fabricants de farines*. Ils ne sont, en réalité, *que doseurs, mélangeurs, tripoteurs*.

Ils ramassent quelques marques inconnues, sans valeur; ils les refondent avec quelques autres, avec addition de farine, soit de féveroles, soit de haricots, soit de fécule ou de toute autre saleté; et, de cela, il font un tout homogène qu'ils imposent aux malheureux boulangers, soit qu'ils aient besoin de crédit, soit qu'ils cherchent, par cupidité, à gagner davantage en achetant quelques francs au-dessous du cours. Voilà, en quelques mots, le fond de moralité qui se trouve dans les opérations de farine à pain.

Au-dessus de cela, il y a la partie : achats de blés. La gent meunière est, au nombre utile et moral, ce qu'est 95 à 100, c'est-à-dire qu'il y a quatre-vingt-quinze meuniers là où cinq suffiraient; il en résulte une division, une faiblesse qui se payent, qui s'exploitent. Alors qu'il s'agit de travailler le blé que fournissent le cultivateur de la contrée ou le marché voisin, cet atome de meunier peut bien encore aller de lui-même, mais lorsqu'il s'agit de se pourvoir de blés exotiques, il n'y est plus et alors il recourt aux gros spéculateurs. C'est ainsi qu'il y a *filière* pour les blés de même que nous a été démontrée la *filière* pour les farines.

Cette volée de meuniers est toujours courant de marchés en marchés, toujours hors du moulin, abandonné aux subalternes, à des gens ignorants. La consigne est de faire *fin et blanc*, dût-on altérer la farine. Les moulins si petits, si nombreux, chôment la moitié de l'année faute d'eau, par trop d'eau et souvent parce qu'il n'y a pas de blé au grenier.

Voilà l'historique fidèle de notre meunerie; il nous serait pénible d'en dire davantage; tout se résume-en ces mots: agiotage, tripotage, altération, falsification, dissimulation; perte de temps à courir les marchés et les estaminets, absorption de forces et d'intelligence.

Cependant, à côté de cette meunerie chétive, il y a la meunerie forte, hupée; nous en avons montré la tête en M. Darblay. Le document à *filières* nous donne un nom très-honorable, celui de M. Morel, que nous connaissons particulièrement, que nous estimons, et duquel nous tenons des témoignages d'estime et d'intérêt la tâche que nous avons entreprise; mais, comme M. Darblay, pour M. Morel est dans le mouvement, il obéit au courant. Ces messieurs les gros bonnets, les fortes têtes ont comptoirs à Paris, régisseurs dans leurs usines; ils savent faire la part aux petits. C'est ainsi que les trois-quarts des fonds de boulanger sont absorbés par eux et à leur profit. C'est ainsi qu'ils font la hausse et la baisse *ad libitum*.

Nous gardons le silence, avec intention, sur un nombre considérable d'intervenants d'un ordre inférieur, venant toujours absorber et se poser entre l'intérêt général et l'économie. Nous terminerons ce chapitre par l'opinion d'un homme bien compétent, M. Dumas, le célèbre chimiste; nous extrayons ce qui suit, de sa déposition à l'enquête devant le Conseil d'Etat, comme confirmation.

« Avec un bon blé réduit en farine et bluté à 75 p. 0⟋0 on fera
» toujours un bon pain. Si, comme cela se fait dans la plupart
» des villes de province, où le pain est, en général, bien supé-
» rieur au pain de Paris, on mélange les farines entières de trois
» ou quatre blés bien assortis, selon des proportions que l'expé-
» rience fait connaître, le pain deviendra excellent; il sera de
» garde et il réunira à l'odeur appétissante, à la saveur

» agréable, à la couleur qui plaît à l'œil, un pouvoir nutritif
» qui satisfait le physiologiste. Celui-ci veut que le pain repré-
» sente le mieux possible le blé en ce qu'il a d'alimentaire. Le
» son est un tégument, il faut s'en débarrasser; mais, de l'in-
» térieur du grain, il faut garder le plus qu'on peut. Le blé,
» comme le lait, constitue un de ces aliments complets, où l'on
» retrouve des matières albuminoïdes, des matières sucrées ou
» féculentes, des matières grasses, des sels, et en particulier des
» phosphates terreux.
» La crême ne représente pas le lait; elle ne renferme pas
» assez de sucre; le caillé, qu'on fait après l'avoir séparée, ne
» représente pas le lait; il ne contient plus assez de beurre; le
» petit lait ne représente pas le lait non plus; il lui manque
» le beurre et le caséum. Le lait, le meilleur, est celui qui n'a
» rien perdu et auquel on n'a rien ajouté.
» Il en est de même de la farine. Otez le tégument extérieur
» et laissez tous les autres éléments réunis, vous ferez un pain
» nourrissant, facile à digérer et agréable au goût. Séparez, au
» contraire, comme on le fait dans le système de mouture ordi-
» naire de Paris, la farine en plusieurs produits, selon leur finesse
» et leur blancheur, réunissez ceux-ci par assortiment de nuan-
» ces, après les avoir repassés à la meule, et vous aurez des
» farines auxquelles il manquera tantôt l'un, tantôt l'autre des
» éléments constitutifs du blé.
» L'ancienne farine Scipion constituait, pour la meunerie, un
» moyen de placement pour une des catégories de ces farines
» incomplètes : le pain qui en provenait était peu recherché. Le
» pain actuel, fait avec une farine de blé pur, n'ayant de résidu
» que le son, est, au contraire, reçu avec faveur: il mérite son
» succès. L'administration doit persévérer dans cette fabri-
» cation. »
Après cet exposé si précis de l'honorable savant, on cherche-
rait en vain dans cette situation, dans toutes ces habitudes, allu-
res, excentricités, que nous venons de mettre sous les yeux de

nos lecteurs, quelque chose qui conduisît à l'économie, à la saine morale; on y trouve bien plus la pente qui conduit aux Cours d'Assises. '

CHAPITRE IX.

LA BOULANGERIE. — LE VÉRITABLE ESCLAVE.

Nous nous arrêtons avec douleur sur le boulanger : c'est l'être seul responsable et le plus incapable de l'être. Nous connaissons quelques boulangers, hommes recommandables, intelligents, qui nous disent, chaque fois que nous les abordons : « La boulangerie » s'abaisse de plus en plus, — malheureux métier! »

En effet, la boulangerie, dans ses rapports avec la meunerie, est à l'état d'esclave, comme vis-à-vis de l'administration. La boulangerie ne peut rien sur les blés, sur les farines, *elle n'est que l'outil, l'ouvrier à façon.* Cependant elle assume sur elle toutes les responsabilités ; on innocente les grands coupables, et on accable le boulanger.

Laissons parler la boulangerie dans ses mémoires à Son Exc. le Ministre :

« Notre demande est une question de *vie ou de mort;* elle porte » sur la *taxe* du pain, qui ne nous est pas assez favorable ! » Autrefois on nous allouait 10 francs ; en 1832, on a ajouté » 1 franc, et depuis on nous passe 11 francs par sac.

» Nous vous déclarons que cette allocation est depuis long- » temps insuffisante ;..... que cette insuffisance est telle que la » boulangerie ne peut pas *exister.*

» Pour démontrer le bien fondé de notre demande, nous pré- » sentons un tableau des dépenses pour un sac de 157 kilos : elles » s'élèvent à 13 fr. 15 c., chiffre dans lequel nous ne faisons pas

» figurer les pertes résultant des crédits, les frais de notre exis-
» tence..... Or, chacun de nous, chef de travail, a droit à un
» salaire pour vivre, pour faire vivre sa famille !

» D'ailleurs, pouvez-vous ignorer que nous vivons de la vie la
» plus *incertaine*, la plus *misérable*?

» Plus d'un tiers des nôtres est engagé dans les liens d'un ser-
» vage que la détresse rend obligatoire et que la meunerie
» exploite.

» Sur 2,400 sacs (maintenant, et par suite de l'annexion, c'est
» près de 4,000), consommation ordinaire de Paris, les trois
» cinquièmes entrent comme marché à cuisson : preuve frap-
» pante de notre asservissement à la meunerie.

» Nous l'avouons sans rougir, nous sommes de simples ou-
» vriers fabriquant à façon..... *Les marchés à cuisson sont la*
» *lèpre de notre commerce.*

» Si *Napoléon III* veut, comme l'a voulu le Premier Consul, une
» boulangerie forte, réglementée, ce qu'il a fait ne suffit pas.....
» *Il faut* essentiellement que nous recevions le salaire qui doit
» couvrir nos dépenses et rémunérer notre travail..... Nous le
» demandons, avec l'instance du besoin le plus extrême.....

» Il est vrai que, depuis quelque temps, nos établissements sont
» très-recherchés, *nos numéros* atteignent une valeur considé-
» rable ; mais ce n'est pas une raison pour que vous voyiez-là
» une source de prospérité ; c'est purement un effet de la spécu-
» lation, de l'agiotage qui se porte sur eux.

» Il en résulte des mutations très-fréquentes, mais notre posi-
» tion ne s'en trouve que plus chargée. »

Nous passons à un autre mémoire.

« Plus loin, nous prouverons que les mercuriales ne seront
» exactes que le jour où seront proscrits les marchés à cuisson,
» reconnus par tous comme une preuve de gêne et, par suite, de
» dépendance.

» Nous avons commencé par vendre au public notre marchan-
» dise au-dessous de sa valeur, et c'est seulement au bout de

» sept ou huit quinzaines que nous sommes remboursés par la
» Caisse.

» Plus tard, nous recevons du consommateur, en vertu de la
» taxe de fait, une somme supérieure à la taxe réelle; mais
» alors, on nous force à verser, au bout d'un très-court délai
» (trois quinzaines au plus), les différences à la Caisse de ser-
» vice.

» Nous sommes victimes de ce système arbitraire et soupçon-
» neux; notre bonne foi est sans cesse suspectée. Ce système
» entraîne dans des frais de déplacement et autres frais de toute
» nature.

·» Mais l'approvisionnement est pour nous la charge la plus
» lourde, celle qui réclame impérieusement une compensation.
» Nos farines se détériorent dans les magasins de dépôt, et, in-
» dépendamment des frais, elles perdent qualité et quantité.

» Les boulangers sont honorés de devenir ainsi une caisse
» d'épargne, en nature, constituée au profit du public, mais ils
» se croient fondés à demander au public une juste indemnité.

» Le rendement de la farine en pain a plutôt diminué qu'aug-
« menté, grâce au singulier progrès des meuniers, qui, tirant le
» plus possible du grain de blé, livrent aux boulangers un ren-
» dement moins fort. Il importe de soustraire la boulangerie à la
» dépendance du meunier.

» Par une surtaxe, les marchés à cuisson, cette plaie qui en-
» vahit la majorité des boulangers, pourraient être abolis. Et
» ces marchés à cuisson, loin de diminuer, se sont accrus consi-
» dérablement. La gêne va en augmentant; les faillites, les ar-
» rangements amiables se succèdent, grossissent de jour en jour;
» les fonds changent de main; la Caisse de service nous envoie
» de longues listes de débiteurs qui ne peuvent payer les diffé-
» rences qu'ils ont encaissées pour elle. »

On ferait un long mémoire de toutes ces tribulations. Mais faisons parler encore un observateur important et scrupuleux,
M. le sénateur Tourangin, rapporteur d'une pétition des pâtissiers

contre les boulangers, au Sénat en 1859. Voici comment s'exprime cet observateur éminent et profond :

« La boulangerie a été réglementée par décret de 1854, elle a
» été appelée à exercer le monopole du pain ; nulle autre indus-
» trie ne peut lui faire concurrence ; il semble, dès-lors, qu'elle
» doit présenter toutes les garanties désirables et doit être pros-
» père. Il n'en est rien cependant. Plus de quatre cents boulan-
» gers, sur six cents, ne sont pas de vrais boulangers : ils ne
» sont, en quelque sorte, que les salariés des marchands de
» farine ; ils sont ce qu'on appelle des boulangers à cuisson.

» Les meuniers leur fournissent la farine, en leur accordant
» une somme généralement fixée à dix francs par sac (le plus
» souvent, cette somme n'est que de huit à neuf francs).

» Le prix de cette farine payé, par le prétendu boulanger au
» meunier, s'établit d'après la taxe du pain. On voit ainsi se pro-
» duire cette anomalie….. Officiellement, c'est le prix de la fa-
» rine qui détermine la taxe du pain, tandis que pour les bou-
» langers à cuisson, les plus nombreux, *c'est la taxe du pain qui*
» *détermine le prix de la farine.*

» On voit, du premier coup-d'œil, le danger de cet abus. Le
» boulanger à cuisson ne peut bénéficier ni sur l'achat des fa-
» rines, ni sur les qualités qu'il emploie ; il cherche dès-lors
» dans d'autres moyens, souvent peu honorables, des bénéfices
» qu'il ne peut faire loyalement ; de là, des abus de toutes sortes
» et les trop nombreuses condamnations qui scandalisent le pu-
» blic et effraient les hommes honorables de la corporation…

» Parmi les boulangers à cuisson, il y en a bon nombre qui ne
» sont pas propriétaires de leur fonds ; ce sont des meuniers qui
» placent dans ces boulangeries des agents à eux, qui n'ont pas
» le plus souvent la moindre notion de cette profession.

» Un agiotage scandaleux s'est produit sur ces fonds, et cet
» excès de tripotage n'a pas peu contribué à ébranler davantage
» la boulangerie, qui est perdue à présent. L'introduction de la
» pâtisserie dans la boulangerie, a constitué une nouvelle source
» d'abus et apporté le désordre et la déconsidération.

» Au temps des corporations, nul ne pouvait devenir maître
» sans avoir prouvé qu'il avait fait son apprentissage et qu'il con-
» naissait bien le métier qu'il voulait exercer. L'aspirant était, de
» plus, tenu de justifier de sa solvabilité, de sa moralité. Aujour-
» d'hui, le premier venu peut être boulanger ; aucune condition
» n'est exigée pour exercer cette importante profession. Un
» meunier installe un de ses domestiques, un manœuvre, dans
» une boutique, et trouve ainsi le placement de ses farines. Un
» marchand de vins, ou un épicier qui a fait de mauvaises
» affaires achète un fonds ou commandite un numéro de boulan-
» gerie ; il se fait boulanger à cuisson. Tous les spéculateurs ex-
» ploitent cette industrie, de manière à revendre le fonds avec
» bénéfice, c'est là leur seule préoccupation. Peu leur importe
» que le public soit bien ou mal servi ; aussi n'y a-t-il plus au-
» cune stabilité dans cette profession. Le boulanger sérieux,
» honnête, lui-même se décourage et abandonne un état qui voit
» diminuer chaque jour son importance et sa considération.

« Il y a quelque chose de plus grave encore : les informations
» que nous avons prises nous ont fait connaître que la confusion
» des deux industries est une source de fraudes de la part des
» boulangers-pâtissiers envers l'administration. L'administration
» accorde au boulanger une somme de 11 fr. par sac de farine
» pour leurs frais généraux et de manutention, Eh bien ! une
» partie de cette somme est employée à la pâtisserie, de sorte
» que l'administration, à son insu indemnise, dans une certaine
» mesure, les boulangers pour faire de la pâtisserie.

« Lorsque, en temps de cherté, les boulangers sont obligés de
» livrer le pain à un prix réduit, ils reçoivent de la ville une
» indemnité proportionnée à la quantité de farine qu'ils consom-
» ment ; c'est encore là une source de fraudes pour les boulan-
» gers pâtissiers, malgré toute la vigilance de l'administration.

« *Est-il possible que l'on tolère plus longtemps de tels*
» *désordres? Non,* Messieurs ; aussi le Conseil d'Etat est-il chargé,
» en ce moment, d'examiner la question de la boulangerie. Il y

» a beaucoup à attendre de ce résultat dans l'intérêt public. »
(*Extrait du rapport lu en séance du Sénat le* 10 *mai* 1859.)

M. le sénateur, préfet de la Seine, a combattu ce rapport par un long plaidoyer en faveur de son administration; mais M. le préfet a succombé sous un double renvoi de la pétition aux ministres compétents.

Le marché à cuisson étant la plaie de la boulangerie et constatant son état d'infériorité, de servitude envers la meunerie, nous reproduirons encore une haute opinion, celle d'un défenseur zélé et en quelque sorte attaché à la boulangerie; l'honorable avocat Bethmont s'exprimait ainsi devant la commission du Conseil d'Etat.

« Les marchés à cuisson sont considérables; ils entrent pour
» trois cinquièmes dans la consommation. Il ne faut ni être ingrat
» avec eux ni méconnaître le mal qu'ils causent.

» Ces marchés à cuisson sont faits par des meuniers qui ont intérêt
» à placer leur farine, qui s'assurent par là un placement régu
» lier et en même temps une clientèle qui devient presque leur
» obligée quand elle ne l'était pas dès le principe. Le protégé
» d'un meunier est toujours son exploité. Je ne prends pas le
» mot dans un sens désobligeant, encore moins dans un sens
» odieux.

» Cela constitue une dépendance qui n'est pas très-heureuse ;
» mais cela prouve que celui qui est dans cette dépendance
» n'était pas lui-même très-heureux, très à son aise, très-libre.
» Voilà le caractère général qui a fait introduire les marchés à
» cuisson.

» Vous achetez des farines pour toute l'année; on vous en
» fournira tous les mois; vous les payerez le prix qui sera déter
» miné par la taxe sous déduction d'une prime de cuisson. La
» taxe est calculée de manière à donner 11 fr. pour la cuisson
» d'un sac. Mais la farine que vendent les meuniers à marques
» supérieures, est de qualité supérieure; alors ils ne laissent
» pour prime de cuisson que 7, 8 ou 9 fr.

» Les farines, ainsi vendues, sont donc vendues de telle sorte
» que leur prix revient toujours au-dessus de celui que la mer-
» curiale ordinaire a fait ressortir. Prenons un exemple : la
» mercuriale de ce mois a donné, par prix moyen du sac de
» farine, 50 fr.; l'allocation de cuisson est de 11 fr.; les deux
» sommes réunies font 61 fr.; c'est sur 61 fr. qu'est établie la taxe
» du pain.

» Le boulanger qui a un marché à cuisson avec huit francs de
» prime paiera ce mois-là, à son vendeur, soixante et un francs
» moins huit francs, c'est-à-dire cinquante-trois francs ; c'est-
» à-dire trois francs de plus que le prix moyen donné par la
» mercuriale.

» La vérité est que, s'il paie cinquante-trois francs, c'est que
» la farine est supérieure; mais la vérité est aussi qu'il paie
» ainsi, et qu'il fait entrer dans la consommation une farine dont
» le prix devrait entrer et dont le prix n'entre pas dans la mer-
» curiale.

» Nous ne voudrions pas attaquer ces marchés, parce que
» nous ne voudrions pas apporter une entrave de plus à la
» liberté commerciale. Ce sont des marchés sérieux qui ne se ré-
» solvent pas en des différences, mais qui s'accomplissent réelle-
» ment. Ce que nous trouvons mauvais, c'est que ces marchés-là
» n'entrent pas dans la taxe, et que, par ce motif, la taxe devient
» inexacte. »

Avons-nous quelque chose à ajouter après l'exposé de ces ta-
bleaux ? Nous ne le croyons pas. Disons cependant ceci : La boulangerie n'a aucune issue pour sortir de cet état de misère et de
honte; elle doit périr. — Tous les moyens qu'elle présente pour
se justifier, pour se relever, sont sans valeur, portent à faux. Sa
demande d'augmentation de subsides est un moyen détourné. —
Qu'on lui accorde ce supplément de prime, elle le verra passer le
lendemain à la meunerie, à ses ouvriers, et bientôt elle en deman-
dera une autre plus forte. Ce serait à ne pas finir, et il faut à cela
une fin. Ce que la boulangerie devrait demander pour son *hon-*

8

neur, elle ne le demande pas ; c'est d'être affranchie de ces ser-
vitudes, de ces charges que l'autorité fait peser sur elle, lesquelles
sont une calamité sans profit, et, bien au contraire, une cause de
renchérissement.

Au lieu de cela, elle se déclare disposée à supporter encore le
poids de ses chaînes ; elle se laisserait river plus fortement les
fers qu'elle porte, pourvu qu'on lui donnât plus d'argent.

Les documents que nous venons de relater datent de plus de
deux ans : la position de la boulangerie s'est-elle améliorée depuis lors? Nous répondons : Non. Au contraire, elle s'est aggra-
vée ; le discrédit, la déconsidération s'étendent chaque jour.

Et pour que notre narration soit fidèle et entière, il nous faut
dire que toutes les boulangeries des villes de France sont dans le
même état de prostration, de décadence que celles de Paris.

CHAPITRE X.

LE SYSTÈME DE COMPENSATION. — LA CAISSE DE SERVICE DE LA BOULANGERIE.

En 1854, l'Empereur, en ouvrant la session législative, et en
constatant avec regret l'insuffisance de la dernière récolte, disait
aux représentants de la France ceci :

« Je recommande surtout à votre attention le système adopté
» par la ville de Paris, car s'il se répand, comme je l'espère,
» dans toute la France, il préviendra désormais, pour la valeur
» des céréales, ces variations extrêmes qui, dans l'abondance,
» font languir l'agriculture par le vil prix du blé, et, dans la
» disette, font souffrir les classes nécessiteuses par la cherté
» excessive.

» Ce système consiste à créer, dans tous les grands centres de
» population, une institution de crédit appelée Caisse de la Bou-

» langerie, qui puisse donner, durant les mois d'une mauvaise an-
» née, le pain à un taux beaucoup moins élevé que la mercuriale,
» sauf à le faire payer un peu plus cher dans les années de fertilité ;
» celles-ci étant, en général, plus nombreuses, on conçoit que la
» compensation s'opère plus facilement. On obtient ainsi cet im-
» mense avantage de fonder des sociétés de crédit, et qui, au
» lieu de gagner d'autant plus que le pain est plus cher, sont in-
» téressées, comme tout le monde, à ce qu'il devienne à bon
» marché ; car, contrairement à ce qui a existé jusqu'à ce mo-
» ment, elles font des bénéfices au jour de fertilité et des pertes
» aux jours de disette. »

Nous ne voyons nullement que ce système ait répondu aux espérances de son auguste promoteur. Nous apercevons partout
l'effet contraire ; et tout en nous imposant la pénible tâche d'en
faire ressortir les inconvénients, les désavantages, nous admettons l'opportunité, la nécessité qu'il y a eu d'intervenir.

Ainsi donc, nous nous gardons bien d'attaquer, de critiquer
même les intentions, les sentiments ; nous nous inclinons devant
leur sincérité ; et les efforts que nous allons faire pour renverser
ce système, n'ont pas pour objet spécial et direct de blâmer son
application passée ; mais nous croyons indispensable d'en préserver l'avenir, qui, fort heureusement, ne se présente pas semblable
au temps déjà éloigné de sa première mise à exécution. Il nous
sera permis de dire ici : *Autre temps, autres mœurs.*

Laissons au passé ce qui appartient au passé, voilà notre
maxime ; mais, en même temps, prenons dans le passé tout ce
qui peut, ce qui doit garantir l'avenir ; car les leçons du passé ap-
partiennent à l'avenir, et nous trouvons dans ce qu'a produit ce
système, de grandes leçons, d'utiles enseignements.

On le sait, le droit de discussion nous est acquis, de quelque
haut point qu'il soit inspiré.

Ne nous laissons pas éblouir par l'éclat des mots, par le pres-
tige des noms, et voyons s'il y a bien, dans le système appelé :
Compensation, une *action* qui soit réellement compensatrice.

Au point de vue de notre intelligence, nous entendons par compensation la récupération d'une chose abandonnée ou le redressement d'un équilibre rompu. Exemple : Un individu a douze cents francs à dépenser par an, soit par mois cent francs. Il est contraint, ou il lui plaît d'en dépenser neuf en six mois..... équilibre rompu. Mais, dans les six autres mois, il ne dépense que trois cents francs ; équilibre rétabli ou compensation, vraie compensation.

Au contraire, dans le fonctionnement du système paré vainement de ce nom, voici ce qui se produit : le consommateur ne devra payer au boulanger le pain de 2 kilos que un franc, dût le pain valoir 1 fr. 30 c. par l'effet des cours. Alors le boulanger recevra des mains de l'acheteur 1 fr. et de la Caisse de la ville 0 fr. 30 c. Le consommateur sera débité de ces 0 fr. 30 c. par compte courant avec le boulanger ; ce qui représente un prêt, une avance et, de fait, un *débet*.

Plus tard, et en prenant le système sur l'autre face, le pain de 2 kilos, au lieu d'être maintenu à 1 fr. 20 c. est ramené par les cours à 0 fr. 70 c., alors le vendeur demande à l'acheteur 0 f. 76 c. qu'il divise en deux parts, l'une 0 f. 70 c. pour son prix réel, et l'autre 0 f. 06 c. qu'il délivre à la Caisse, laquelle porte cette fraction en compte de l'acheteur : ce qui constitue remboursement, *crédit*.

A vrai dire, nous voyons dans ce mouvement un effet de prêt, un compte courant, une affaire de banque, puisque l'obligé voit, chaque année, la somme qu'il doit se grossir au moyen d'un cumul de frais d'administration, d'intérêts, etc., etc.; ce que ne comporte pas la *compensation*.

Au contraire, nous croyons voir la véritable compensation et la compensation sainement appliquée, dans l'exemple que voici : Il faut à la France *cent millions* d'hectolitres de blé année commune ; elle aura récolté une année *cent vingt-cinq millions* d'hectolitres ; elle en aura exporté ou prêté à ses voisins moins favorisés *quinze millions* et elle aura porté au *compte réserve dix mil-*

lions; total cent vingt-cinq millions. L'année suivante, il lui faudra encore cent millions d'hectolitres, mais elle n'en aura récolté que soixante-quinze ou quatre-vingts. Elle aura donc en moins soit vingt-cinq, soit vingt millions. Pour combler ce vide, elle sait qu'elle a une réserve de dix millions et que les dix ou quinze autres elle les doit demander à d'autres plus heureux, mais elle n'est pas prise au dépourvu, car alors l'équilibre se rétablit de *soi-même,* la compensation se fait naturellement.

Les prix du blé, du pain auront bien pu varier de quelques francs à l'hectolitre, de quelques centimes au kilo, dans ces alternatives, mais sans brusques variations, sans secousses et par le fait d'une action commerciale régulière et calme.

Là se produisent, par un simple rouage, ces effets de la nature : *excédant, déficit, compensation, balance !*

Que si nous nous trompons et que l'on veuille voir, dans les deux cas, l'effet d'une compensation, nous donnerons la préférence à la compensation par effets : *nature,* sur la compensation par effets : *artifices,* sacrifices matériels.

Pénétrons à présent dans le fond, dans le vif du système; découvrons-en les abus; déchirons-en les voiles. Prenons tout d'abord le côté matériel, les chiffres ; nous passerons ensuite au côté moral, les effets, les conséquences.

Pour soutenir ce système, la Caisse municipale, sous le nom de *Caisse de service de la boulangerie ,* a avancé en 1853-54, 1854-55, 1855-56, une somme de. . . . . . . 53,558,000 fr.

La Caisse a recouvré, de 1856 à 1861, en cinq à six ans. 51,700,000

Reste à recevoir (en chiffres ronds) 1,800,000
Mais les frais de toute nature s'élevaient, au 31 décembre 1861, à. 14,355,060
Ce qui porte l'arriéré, dû encore, à. . . . 16,155,000
Puis il convient d'y ajouter, pour nouveaux frais à faire jusqu'à l'entière rentrée, au moins . 1,845,000

Total. . . . . . . 18,000,000 fr.

C'est donc dix-huit millions après lesquels la Caisse a encore à courir. Combien d'années durera cette course? Dieu seul le sait. Se fera-t-elle d'une seule haleine? sera-t-elle interrompue par des incidents qui pourront même la grossir? Or, c'est le cas actuel. On s'est engagé dans l'inconnu, on reste dans l'inconnu. En administration, l'inconnu est-il une mesure bonne? Non. L'inconnu qui conduit si loin, jusqu'à soixante-dix millions, bien que deux fois on ait remonté le point de départ, n'aurait-il pas pu conduire plus loin encore? Oui! Oh! oui!

Mais maintenant, au point de vue du service, nous demanderons ce qu'est un système qui absorbe de 16 à 18 millions, en frais, sur 53,500,000 francs? Cela fait plus de 30 pour 100! La brèche faite au service rendu *ipso facto* est, on en conviendra, par trop forte. Il serait curieux et très-instructif de décomposer ces 30 pour 100. C'est payer bien cher les frais de la guerre!

Mais où donc est la victoire? qu'a-t-on combattu? qu'a-t-on vaincu? nous ne voyons ni vainqueurs, ni vaincus; nous voyons la grosse dépense, les dupes. Les progrès qu'a faits la hausse, le renchérissement ont-ils été atténués, combattus, entravés? Nullement, et à cet égard aucun trouble n'a été porté dans la spéculation, dans l'agiotage. Bien au contraire; le système et la caisse ont servi de point-de-mire, de marche-pied aux passions. Le sentiment de respect pour la moralité, qui d'habitude retient un peu, a été effacé par les intervenants. On s'est dit : il y a un système, il y a une caisse; le système est responsable, la caisse payera; et le renchérissement a marché et long-temps.

En effet, et par ce système, les cours ne sont plus le résultat du mouvement de la nature, ils sont le résultat d'une intervention, d'un expédient, d'un artifice. Il existe, à cet égard, une très-grosse responsabilité morale qui incombe aux auteurs de ce système; l'état normal n'existe plus, il y a toujours au contraire situation anormale.

Quand vous couvrez les hauts prix, vous chargez l'avenir, votre dissimulation est exploitée, elle se paye; et lorsque vous payez en chargeant le présent, vous êtes bien plus encore dans l'anormal, le préjudiciable, car vous ravissez le bienfait de la nature le plus précieux, le bas prix résultant de l'abondance.

Lorsqu'au début de cette dernière crise et en présence d'une hausse si incroyablement précipitée, l'administration, poussée par un zèle trop ardent, a porté la surtaxe jusqu'à 0 fr. 45 c. et nous croyons même 0 fr. 46 c. alors que le prix réel ressortait à 0 fr. 41 c. ou 0 fr. 42 c., elle a incontestablement fait abus d'un droit; elle a donné une force, une action à la partie qui poussait à la hausse, car assurément il y avait alors un fort parti qui poussait au renchérissement. La raison, la dignité n'admettaient-elles pas que le système dût s'arrêter tout aussitôt, une fois le prix de 0 fr. 40 c. atteint.

Et qu'on ne croie pas que ces effets *naturels*, rompus pour le département de la Seine, concentrent leurs méfaits dans ce département; il n'en est point ainsi. Cette dissimulation des cours exacts, cette intervention d'un effet dictatorial se ressentent par toute la France. Ce qui se passe au marché de Paris a de l'écho en tous *lieux* et tous les consommateurs sont atteints par cette dissimulation; cela est incontestable. Pour prouver le bien fondé de notre affirmation, nous citerons le fait suivant :

Un de nos amis, très au courant de ce qui se passait en 1855 sur le carreau de la halle aux farines, vint nous dire un jour que ce qui s'y pratiquait était par trop scandaleux, révoltant. Il nous expliqua comment cinq à six faiseurs fabriquaient et les cours et la hausse. Nous conduisîmes cet ami chez un des membres de la commission municipale, membre qui s'était fort occupé de l'étude de l'économie du pain. Cet honorable édile nous dit, après avoir entendu notre ami : « Mais, Messieurs, tout cela » nous est connu, cela nous est dénoncé très-souvent; mais » malheureusement nous n'y pouvons rien, nous sommes réduits » au laisser faire, au laisser passer, nous avons bouche close, » nos moyens sont impuissants, on marche dessus, etc., etc... » Nous déplorons et nous payons. »

Tels ont été les effets de ces combinaisons, et ces effets n'ont pas peu contribué à élever les dépenses à un chiffre si considérable. Il en sera toujours ainsi toutes les fois que l'on bornera son intervention à mettre en avant les deniers publics.

Une avance si forte, si inattendue devait provoquer une reprise précipitée, brusquée, et cela a eu lieu. Et, à cet égard, de nobles paroles ont été mises de côté, il avait été dit : « Que la » nécessité de maintenir le pain au-dessus du cours réel, serait » observée avec la plus extrême réserve, et que la surtaxe ne » dépasserait jamais à l'avenir 2 ou 3 centimes par kilo au » maximum, l'Empereur ne voulant pas que les administrés » payassent par des souffrances nouvelles l'allègement porté à » leurs souffrances passées. » Nonobstant ce, la surtaxe n'a pas été au-dessous de 4 c., elle a été souvent poussée à 5, quelquefois à 6. Et cela s'est pratiqué dans tout le cours de 1860, année d'une récolte moyenne, de *basse* qualité et de prix assez élevés.

D'une part, si on avait maintenu le point de départ fixé à 40 c., porté ensuite à 45, puis encore à 50, on aurait atteint, dépassé peut-être cent millions en trois ans. D'autre part, si l'on eût limité la surtaxe à 2 c. le plus souvent et à 3 le moins souvent, on n'eut recouvré que trente millions en cinq ou six ans; l'écart serait donc excessif encore.

Dans le premier cas, on peut dire que le prix poussé à 50 c. est un prix de calamité et de souffrance pour le plus grand nombre et que l'intervention est tardive. Dans le second, on trouve la reprise poussée à 4 et à 6 c. beaucoup trop forte; et, dans ces deux cas, il y a toujours à déplorer une violation aux prescriptions du point de départ, qui évidemment feraient loi et *loi* obligatoire.

Une preuve de l'embarras que cause ce système à l'autorité, c'est qu'il est pratiqué dans des mesures de dissimulation, alors qu'il pourrait l'être au grand jour.

Quand elle a à se justifier de quelques attaques de la presse, l'daministration préfectorale ne répond que d'une manière incomplète. Elle laisse toujours quelques points importants en arrière. C'est ainsi que, voulant répondre à un article du journal l'*Ami de la Religion*, l'autorité dit qu'elle a déboursé 53 millions en effet, mais qu'elle en a recouvré 51; ce qui ferait croire qu'elle se trouve remboursée à deux millions près; seulement elle omet de relater 14 millions de frais faits : ce qui change la thèse. En toute occasion, l'action de l'autorité doit être connue; ce qu'elle prend, ce qu'elle donne, doit être chiffré. A l'égard de ce système, il n'en est jamais ainsi.

Lorsque le pain est taxé à 1 franc 25 centimes les deux kilos, on ne connaît ni son prix réel, ni la portion pour laquelle la Caisse intervient. Lorsque le pain est à 0 franc 80 centimes, on ne sait pas davantage à combien est descendu le prix du pain et de combien la Caisse se récupère. Il serait cependant aussi facile qu'utile de faire connaître le vrai de la situation. Exemple :

Période de détaxe.

Taxe du pain d'après les mercuriales	0 fr. 60 cent. le kil.
La Caisse intervient pour. . . .	0 10
Le prix de vente reste fixé à . . .	0 fr. 50 cent. le kil.

Période de surtaxe.

Taxe du pain d'après les mercuriales.	0 fr. 30 cent. le kil.
La Caisse se rembourse de. . . .	0 04
Le prix de vente est de.	0 fr. 34 cent. le kil.

De cette façon, chacun verrait clair, chacun s'y reconnaîtrait. Nous ne cherchons pas à pénétrer les raisons qui font que l'on agit autrement. Nous ne pouvons croire que l'on en ait de sérieuses.

L'autorité dit, avec satisfaction, que le bon sens de la population a répondu avec sympathie à ses efforts, et que jamais son action récupératrice n'a été mal interprêtée ; qu'il y a là tacite approbation et signe de reconnaissance. Nous le croyons aussi, mais nous reconnaissons à la masse de la population trop de tact et de bon sens pour récriminer jamais sur une mesure dont elle ne connaît pas l'importance et à laquelle il lui coûte peu de satisfaire. Franchement, il n'y a guère là de quoi s'enorgueillir, et une population ne saurait s'émouvoir pour un centime de surtaxe par kilog. de pain. Dût cette reprise être plus forte encore, elle paiera volontiers,

Nous ne dirons rien du principe *d'égalité* érigé par ce système ; iutervenir pour les fortunes aisées, suffisantes, alors qu'il s'agit de pain, cela ne nous semble pas motivé, et cela paraît au moins irréfléchi. Faire de l'égalité sur ce point, alors que, sur tant d'autres, se tolèrent de si nombreuses et de si fortes inégalités, cela peut paraître étrange. Nous ne dirons rien non plus du mauvais effet produit par des mutations si fréquentes ; nous ne tirerons non plus aucune conséquence de l'accroissement de population, qui, sur les deux faces de la question, vient exercer une pression considérable. Nous en venons au chapitre de la *Caisse de Service*.

Cette Caisse est la compagne, la complice indispensable du système. La Caisse de service a deux offices distincts : elle intervient entre le boulanger et le consommateur pour régler les avances à faire alors que le pain a dépassé la limite ; elle intervient pour effectuer les remboursements alors qu'il y a lieu. Elle a pour office encore de recevoir du boulanger les sommes représentant ses achats en farine et c'est elle qui doit payer aux meuniers ou à tous vendeurs déclarés, les farines livrées à la consommation.

Disons-le de suite : ces deux mandats sont impossibles à remplir selon le but de l'institution et les exigences de la sincérité. Ces mandats constituent des impossibilités, des froissements, des humiliations ; c'est un joug, une intervention arbitraire qui répugnent à nos mœurs, et, loin de conduire au vrai, poussent à la tromperie, à la dissimulation.

Comment a-t-on pu avoir la pensée qu'on obligerait des hommes *vendeurs* ou *acheteurs* à venir déclarer à un guichet de caisse qu'ils avaient opéré sur telles bases, fidèlement. sincèrement, alors que leur intérêt mutuel les porte à ne pas dire toute la vérité. Il faut faire alors la part de la dissimulation et cela oblige à se tenir toujours à l'état de soupçon, de suspicion. C'est là le véritable rôle de cette caisse : être tenue en défiance, deviner, déterminer d'elle-même, de son arbitraire, ce qu'on lui dérobe ; pitoyable rôle. Nous ne savons pas ce que gagne à cela le consommateur, nous voyons bien ce qu'il y perd, car c'est lui qui paye tous les frais de cette guerre de rancunes, de faussetés, et toutes ces dépenses excessives.

Et si l'on voulait une preuve nouvelle de la décadence de la boulangerie, de l'abaissement moral de la meunerie, on la trouverait dans la facilité avec laquelle toutes deux ont accepté de passer sous ces *fourches caudines*. Des commerçants honorables, bien forts d'eux-mêmes, se fussent révoltés contre des nécessités semblables. Ces propositions ont été acceptées au contraire sans protestation. Bien plus, la boulangerie s'est réjouie de ce joug, elle y a vu une consolidation, une consécration de son privilége. Bien plus, elle dit : Forgez-nous des fers tant que vous le voudrez, mais ne nous opposez pas de concurrence, mais payez-nous plus ! Tel sont les résultats les plus incontestables de cette Caisse.

On a vu comment M. le sénateur Tourangin avait exposé que cette Caisse était jouée, trompée par les appréciations. Il a dit que ce n'était plus le prix de la farine qui faisait le prix du pain, mais bien ce dernier qui arbitrait la farine. De leur côté, les boulangers déclarent que la Caisse les paie à huit semaines, quand elle leur doit, et qu'elle exige d'eux paiement à deux semaines lorsqu'ils sont débiteurs. Pourquoi donc ces mauvais paiements d'une part, ces paiements forcés de l'autre?

On a dit, dans le public, que cette Caisse était bien plus fondée pour attirer des capitaux dans les services divers de la Ville, que pour venir en aide au pain. Ce reproche serait-il fondé? En tous cas, c'est un soupçon et c'est déjà trop. Il est de fait que la confiance publique a toujours largement répondu aux appels de cette Caisse. Elle a reçu de cinq à six cents millions ; elle était loin d'avoir besoin de ces sommes immenses pour son service spécial. M. le Préfet et M. le Directeur ont bien déclaré que la Caisse n'avait pas ralenti l'émission de ses bons, parce que l'administration plaçait le capital à un taux plus élevé. Il y a donc aveu d'emploi détourné, donc fait d'agio.

M. le directeur nous dit encore, dans son récent compte-rendu, que beaucoup de clients de la Caisse se dérobent à son intervention. Cela a toujours eu lieu, malgré les mesures comminatoires et les condamnations. Cela ne fera que croître.

Cette Caisse n'est pas reconnue par la loi ; elle n'a pas l'autorité, l'aplomb d'une institution publique. Elle reste confondue dans toutes les conceptions privées exposées aux éventualités ; c'est-à-dire qu'elle court tous les risques des insolvabilités. C'est là pour elle une situation qui n'est pas tolérable.

En résumé, les systèmes *Compensation*, *Caisse*, etc., recommandés, préconisés par cette voix auguste que nous avons entendue au commencement de ce chapitre, n'ont pu s'étendre au delà du département de la Seine, leur berceau, et ils y périront isolés. Cependant, jamais combinaisons n'auront fait tant de bruit, n'auront donné lieu à autant d'examens, de demandes, de renseignements, etc., etc.

Cette abstention générale est pourtant bien significative. Le conseil d'Etat, de son côté, après de très-longues recherches et de minutieuses enquêtes, a condamné radicalement et sur tous les points ces systèmes. A cet égard, M. le conseiller rapporteur Le Play a été minutieux, très-explicite, impitoyable et sévère ; il a condamné radicalement. Nous ne sommes, en cet exposé, qu'une faible contre-partie de ses critiques et de ses découvertes.

Comment se fait-il, après ces manifestations, que cette même voix si puissante et d'ordinaire si bien inspirée, soit venue nous dire récemment (le 13 août dernier) : « Elle (la commission muni-

» cipale) a organisé la boulangerie de manière à ce que, dans un
» cas de disette, le pain ne pourra pas excéder un certain taux. »
Cequi constitue un éloge des mesures, du système, ce qui semble
les recommander, les imposer à l'avenir.

Cette même voix auguste a ajouté : « Je recommande de ré-
» duire les droits qui pèsent sur les matières de première né-
» cessité. » Et encore elle a dit en *accentuant :*

« *Combattre le renchérissement des denrées les plus néces-*
» *saires.* »

Eh bien! nous le disons en terminant ce chapitre : il y a opposition, contradiction dans ces sentiments. Ce que l'administration
a organisé pour le pain constitue une cause de renchérissement
permanent sur la denrée la plus nécessaire. Et si l'Empereur
l'ignore, il y a devoir, urgence, à le lui faire connaître.

A l'égard de ces combinaisons : *système, caisse, intervention,*
on les a envisagées d'une manière fausse et dangereuse sur toutes leurs faces.

D'abord on a pris le système à rebours, et c'était une conséquence forcée puisqu'on en voulait le fonctionnement immédiat.
Selon les règles et le bon sens, le principe de la compensation se
trouve dans la *prévoyance, l'épargne.* C'est par l'économie, par
l'épargne que l'on supplée à une circonstance forcée, à une
charge imprévue. Il aurait donc fallu avoir en caisse les 70 millions dépensés en trois ans, mais comme on ne les avait pas on
les a pris sur l'avenir, c'est-à-dire l'inconnu. Dès lors on s'est
écarté des règles.

Nous connaissons bien les conséquences de ces faux errements,
mais nous ne saurions encore en prévoir la fin. On s'est dit :
Dépensons d'abord, nous récupèrerons ensuite ; et puis après, c'est
à dire après que nous aurons refait le niveau, alors nous revien-
drons au vrai point de départ. Nous adopterons le vrai principe,
nous amasserons, nous économiserons afin d'être en mesure de
prendre plus tard sur le capital. Lorsque les périodes d'abondance auront reparu, et comme elles sont toujours plus longues,

plus nombreuses que les autres, nous continuerons à *surtaxer le pain*, nous formerons ainsi une caisse d'épargne. Avec le capital, nous ferons des achats en grains lorsque les prix seront bas et nous ferons ainsi office de pondérateur. Ce sera beau, très-beau, ce sera charitable, humain !

Nous voudrions bien que cela pût être, mais ce beau rêve est radicalement impossible, c'est simplement une utopie.

D'abord en vertu de quel droit, de quelle loi vouloir imposer aux consommateurs une surtaxe, même dans un but de prudence et de prévision ? ce but, chacun ne reste-il pas libre de l'interpréter à sa manière ? Comment administrer, tenir toujours à libre disposition ces deniers prélevés sur une dépense quotidienne ? Quel emploi donner à ces sommes ? Par quels moyens prudents les rendre productibles d'intérêt ? N'y aurait-il pas danger à amoindrir, à appauvrir ainsi la circulation, la valeur monétaire. Vous aurez prélevé sur une famille pendant cinq ans, et c'est au moment où vous aurez à lui restituer que les nécessités de la vie la feront changer de position et de patrie !

On sait à combien d'abus, de fraudes, de préjudices ce mode d'intervention a ouvert les portes ; on connaît les frais excessifs qu'il prélève ; pourquoi n'en serait-il pas de même dans le cas de prélèvement incessant ?

Et si vous nous parlez de convertir votre capital ainsi amassé en blé, nous vous répondrons que vous vous jetez, tête baissée, dans le gouffre le plus profond, le plus impénétrable. Comment d'ailleurs apprécierez-vous le moment opportun pour acheter ? Par qui achèterez-vous ? Qui vous fixera sur le moment le plus strictement propice pour vendre et verser dans la consommation ? Qui administrera, qui conservera ? Qui sera responsable ? Qui fera les dépenses de construction, de machines, etc., etc. ?

Ah ! que d'inconnu pour vous, que de dangers ! Il est vraiment plus qu'incroyable que l'on n'ait pas songé à tout cela ! Ouvrez donc les yeux sur ces dangers réalisés, sur ces illusions de l'avenir ; il est grandement temps.

Nous avons sous les yeux un rapport d'un honorable député sur ce sujet : M. Kœnigswarter, député de la Seine, à l'occasion d'un projet de loi concernant un remboursement à faire par la Caisse de la boulangerie, a fait l'apologie la plus complète de ces conceptions. Il a trouvé dans les résultats obtenus, dans les faits acquis, des bienfaits inappréciables, des services rendus à ne savoir comment en exprimer assez sa gratitude. Nous nous plaisons à reconnaître que monsieur le député a été de bonne foi, quoiqu'en cédant trop vite à un entraînement irréfléchi. Mais nous avons eu l'honneur de voir depuis M. Kœnigswarter, de causer avec lui, et, en peu de mots, nous lui avons fait comprendre tout ce qu'il y avait d'exagéré, d'immérité dans ses éloges ; et lui faisant mettre le doigt sur la plaie, nous avons déchiré le voile qui couvrait ses illusions sur l'avenir.

Ceci ne prouve-t-il pas une fois de plus combien il est facile d'imprimer une direction fausse aux corps délibérants, et dangereux en même temps de céder aux séduisants entraînements de l'éloge et de l'approbation.

Nous savons bien qu'un autre député s'est vanté, dans ses *Mémoires d'un Bourgeois de Paris*, d'avoir fait partie de la commission chargée de présenter la loi sur la création de la Caisse de service et d'avoir contribué, comme président, à son adoption. Cette reproduction de faits graves, dans les Mémoires d'un vivant, serait-elle une réclame ? En tout cas, nous avouons éprouver certaine difficulté à prendre au sérieux quelque chose nous arrivant par les *Mémoires d'un Bourgeois de Paris*, œuvre d'excentricité bien plus que d'à-propos.

Toutes les personnes entendues aux enquêtes, devant le conseil d'Etat, ont été unanimes pour *accuser* et *condamner* ces combinaisons, véritables calamités à présent. Un seul déposant a osé en faire l'éloge et les recommander ; c'est l'honorable M. Devinck, député de la Seine, mais aussi *conseiller municipal*.

Eh bien ! nous le disons ici avec conviction ; nous ne voyons pas comment M. Devinck pourrait concilier les nécessités de ces combinaisons avec l'honorabilité du commerçant, de l'industriel, honorabilité qu'il a su conquérir et pousser si loin. Disons-le, l'honorable commerçant, fabricant de chocolat, n'est pas conséquent avec le conseiller.

Adversaire franchement déclaré de ces mesures, de ces systèmes, nous avions espéré que l'on profiterait du nouveau danger menaçant, pour les arrêter, les entraver du moins ; or, afin de faciliter cette résolution, nous avions proposé la mesure de transaction simple, rassurante, qui va suivre ; nous n'avons sans doute été ni examiné, ni lu, même.

On connaît la rigueur exclusive de M. le Préfet en ce qui touche ses prérogatives. Nous affirmons que, sur le nombre de MM. les Conseillers municipaux, il n'y en a pas le quart qui se soient assez préoccupés de ces graves sujets pour pouvoir s'en rendre compte par leurs propres impressions.

« Préalablement, disions-nous, je propose de substituer au sys-
» tème de compensation, que je condamne, cette simple me-
» sure :

» Il est admis, en principe, que le pain peut être payé à cin-
» quante centimes le kilo par la classe ouvrière, lequel prix cor-
» respond à l'élévation des salaires. Néanmoins, et pour secourir
» les familles nécessiteuses, celles de ces familles que le prix su-
» périeur à cinquante centimes le kilo, ou un franc par pain de
» deux kilos, froisserait trop vivement et qui ne pourraient le
» subir, déclareront à leur mairie respective qu'elles ont besoin
» de s'arrêter à cette limite de un franc par pain de deux kilos.

» Alors il sera donné acte de leur déclaration. Il sera fait état
» de la quantité de pain utile à la nourriture de la famille, et, au
» bout de chaque quinzaine, il leur sera tenu compte de la diffé-
» rence. Par cette mesure, on éviterait de secourir les classes ai-
» sées, les personnes dominées par une susceptibilité honorable,
» et la dépense à faire se bornerait ainsi au plus petit nombre.

» En effet, ce serait une dépense effective et non recouvrable ;
» mais, d'abord, cela mettrait fin à ces moyens si complexes, à

» ces difficultés inextricables, et satisferait à toutes les positions, cela
» ferait prendre patience pour des mesures d'améliorations réelles.

   » Cette dépense, en charge, serait très-appréciable et facile-
» ment supportable par la luxueuse cité parisienne. »

   Mais nous pouvons le dire et l'affirmer : toutes ces mesures
deviennent inutiles, car nous allons être écouté, et désormais on
n'aura plus à redouter l'apparition de ce prix *calamiteux* de un
franc pour le pain de deux kilos.

   Nous pourrons dès-lors garantir que le maximum ne dépassera
jamais quatre-vingts centimes, et que le prix moyen ordinaire sera
limité à soixante centimes. — Alors nous aurons fondé la *base de
la vie à bon marché.* — Mots, souhaits, sur lesquels on revient trop
souvent et sur la valeur desquels on ne s'appesantit pas assez.

CHAPITRE XI.

LE DÉPARTEMENT DE LA SEINE A L'ÉTAT DE BLOCUS CONTINUEL. — LA CIRCULATION DU PAIN INTERDITE. — VIOLATION DE LA LIBERTÉ COMMERCIALE.

   L'application rigoureuse du système de compensation, de cette
Caisse de service, produit cette étrange anomalie, que la libre
circulation du pain est interdite et devient un cas punissable par
la loi, alors que la libre circulation du blé est proclamée, que l'esprit de liberté commerciale s'étend à tout, sur tous. Voilà enfin
une contradiction flagrante qu'il importe de stigmatiser.

   Si ce système se fût étendu à toutes les villes, il en serait ré-
sulté tout autant de barrières entre les villes et les campagnes :
antagonisme continuel aux conséquences incalculables, impossibles à conjurer. La ville, par ce système, vend le pain moins cher
que la campagne, dépourvue de système ; alors la campagne
tombe sur la ville et lui enlève tout le pain possible, soit par la
ruse, soit par la force.

Plus tard, c'est la campagne qui vend son pain suivant le cours réel, tandis que la ville le tient plus cher, en raison de sa dette envers le système. Alors la ville quitte sa boulangerie et demande tout le pain possible à la campagne; de sorte que, en toute occurence, dans l'un ou l'autre cas, il y a trouble, désorganisation. *Ceci est de toute évidence.*

La Caisse de service du système de Paris a reçu de rudes attaques par le fait des fraudes qui se sont produites dans ces deux cas. Une armée de dix mille hommes, cernant le département de la Seine, n'aurait pas suffi pour assurer l'action represssive de ce système contre les fraudes.

Lorsque les ponts, les routes étaient bien gardés, c'était des services que l'on organisait par barques sur le fleuve, ou à travers champs, à la course. Ces faits sont constatés par des rapports de police en très-grand nombre.

Le pain se vendait un franc les deux kilos à Paris, et il valait un franc vingt centimes à Sèvres, à Meudon, à Saint-Cloud, à Luzarches, etc.; alors chaque piéton, chaque voiture enlevait le plus de pain possible de Paris, pour en favoriser amis et famille.

Le pain valant au contraire soixante centimes le kilo à Saint-Cloud, soixante-dix centimes à Paris, chaque petit ménage chargeait son blanchisseur, son marchand de légumes de lui fournir un pain.

Comment empêcher cela? Comment punir, pour ces contraventions sur le pain, une malheureuse mère de famille chargée d'enfants, qui envoie l'aîné à cette *maraude* d'espèce nouvelle? Quel pénible mandat imposé aux juges! Quel triste prétexte pour demander l'exécution de la loi!

Ah! système, que tu es barbare! Ah! monsieur le Préfet, combien vous avez tort de préconiser ce système! Ah! messieurs les membres du Conseil municipal, combien vous êtes confiants et crédules, alors que vous confirmez par votre silence ces éloges et ces funestes tendances pour l'avenir!

CHAPITRE XII.

QUE S'EST-IL PASSÉ DANS TOUTE LA FRANCE, EN DEHORS DE CE SYSTÈME CONCENTRÉ DANS PARIS ?

En regard de tant d'efforts d'imagination, de'sacrifices réels, de frais ruineux, opposons ce qui s'est produit dans toute la France pour atténuer, amoindrir cette crise alimentaire de 'trois années.

Sur cette grande surface, au milieu de tant de souffrances, un seul petit point noir est apparu ; l'échaufourée de Busancey. Est-ce la peine d'en parler ? Partout le calme et la résignation ont été des plus exemplaires. La sollicitude des autorités, la bienveillance, la charité ont amplement pourvu aux chertés, aux imprévoyances. Partout, aussi, l'on a pu apprécier les bienfaits de la nature, la générosité de la Providence alors qu'il lui a plu de mettre un terme à ses rigueurs, d'accorder l'abondance et conséquemment le bas prix. Alors, point de dette à rembouser, point de frais de 50 p· 0/0 à ajouter, mais bien un souvenir de gratitude à conserver pour les bienfaits, les appuis accordés.

Dans certains grands centres manufacturiers, des hommes intelligents et généreux ont improvisé des ateliers de panification, fait venir des grains, des farines; ils ont fait concurrence à la spéculation, l'ont gênée, paralysée ; ils ont ainsi comblé, d'un double bienfait, le pays, leur population ouvrière. Bornons-nous à citer quelques noms : les Paturle — Lupin — Seydoux — Siéber — Scrive — Kœchlin — etc. — Quelques municipalités en ont agi de même, et en intervenant dans des achats directs, elles ont complétement réussi ; n'y a-t-il pas dans tous ces faits divers un grand enseignement à recueillir ? Et, s'il le fallait, ces contrées seraient prêtes à subir les mêmes épreuves sans faire entendre le plus léger murmure, sans laisser percer le témoignage de la moindre inquiétude. Voilà, en peu de mots, le noble exemple qu'a donné la province à la capitale. Nous préférons de beaucoup cette généreuse initiative des heureux en faveur des malheureux à cette intervention *égalitaire* par une combinaison qu'on fait payer si [cher. Quel saisissant contraste dans l'une et l'autre de ces œuvres !

La capitale de la France, qui est le cœur de la nation, intervient dans une crise alimentaire au moyen d'une combinaison dont elle fait payer tous les frais, toutes les dépenses. Elle s'exonère ainsi de tous bienfaits, de tous sacrifices; elle est, de ce chef, égoïste et désobligeante. Elle manque, envers les malheureux, aux devoirs de la charité, de l'humanité.

La province, au contraire, ne crée pas de système; elle se confie à la nature, elle combat la cherté en agissant avec intelligence et dévouement, elle se constitue partout charitable, bienveillante, aussi tout s'y passe bien, tout est oublié, lorsque la Providence consent à nous rendre le calme et l'abondance.

Franchement, les rôles sont bien différents, et le cœur de la nation n'est pas ici le plus grand cœur.

CHAPITRE XIII.

APPROVISIONNEMENT DE PARIS. — APPROVISIONNEMENTS EN FRANCE.

(Décret du 16 novembre 1858)

Nous devons croire que les ressources de la France sont *inépuisables*, puisqu'une voix auguste nous l'a solennellement appris et que la France entière l'a répété par l'organe de ses représentants.

Cependant le calme de la France, l'élan de ses prospérités sont bien souvent troublés, tenus en suspens par l'apparition de la crise alimentaire, cette peste qui vient périodiquement sévir sur elle. Toujours *crise alimentaire* engendre *crise financière!*

Les ressources de la France seront donc absolument assurées, alors que nous aurons su nous *préserver contre le fléau*. Ce n'est pas la Providence qui nous l'envoie, on le sait, mais bien le débordement de nos passions non comprimées, notre froide indifférence qui nous y livrent.

C'est sans doute parce que l'Empereur a été pénétré de cette vérité, qu'il a rendu un décret, daté du 16 novembre 1858, qui rend obligatoire, pour toutes les villes de France, un approvisionnement égal à trois mois de consommation, soit en blé, soit en farine.

Déjà Paris, le département de la Seine, avaient pris l'initiative de cette grande mesure, et la boulangerie est obligée à faire, dans des magasins spéciaux, un dépôt de farine représentant trois mois de consommation. Nous allons examiner rapidement, selon notre habitude, mais avec une grande sûreté, les effets de ces mesures d'approvisionnements.

La boulangerie a besoin d'être doublée par un *stock* en rapport avec sa consommation; elle ne peut se ravitailler au jour le jour, et cet approvisionnement doit être en farine. En est-il de même pour les réserves, soit administratives, soit d'initiative privée? Nous répondons : *Non*. Ces réserves doivent se constituer sur *blé*; le *blé* seul est *matière à réserves*. Dans un chapitre, qui va suivre, nous traiterons du blé au point de vue de la conservation.

En prescrivant la réserve en farine, l'administration s'est écartée du vrai principe économique. La farine est le blé travaillé, décortiqué; on comprend que, dans cet état, il est beaucoup plus impressionnable aux influences atmosphériques, bien moins défendu contre les insectes que lorsqu'il est abrité, préservé par son enveloppe naturelle. Aussi les amas de farine ont pour conséquences primitives de venir se confondre, dans la consommation, pour l'altérer, la gâter. On laisse la farine en dépôt jusqu'à ce qu'elle soit altérée; alors on la remplace, on la jette dans la consommation, et cette farine altérée vient gâter, amoindrir une farine fraîche. Ces abus se succèdent trois ou quatre fois par an.

On l'a vu par les plaintes de la boulangerie, les frais que lui cause cet approvisionnement imposé, sont pour elle la plus lourde charge. Elle recourt encore, pour satisfaire à cette nécessité, à la meunerie qui trouve, à ce mécompte, un lien de plus.

Cet *approivsionnement forcé* qui constitue, pour celui qui le fait une valeur *morte aliénée*, a l'inconvénient de contraindre le boulanger à renoncer à se livrer à ses inspirations pour les achats, les approvisionnements qu'il pourrait faire en *temps, selon lui, opportun*; il est donc non-seulement lié, mais paralysé.

M. le Préfet est l'arbitre suprême de ces approvisionnements ; le propriétaire n'est pas même consulté sur le temps, sur l'opportunité convenables pour les verser dans la consommation.

Entraîné que nous serions par le besoin d'exprimer notre pensée tout entière, nous ne voulons pas aborder ici le décret de novembre 1859, qui attribue à M. le Préfet du département de la Seine l'autorité pleine et entière sur tout ce qui concerne la boulangerie ; nous lui en laissons toute la responsabilité.

M. le conseiller Le Play a fait très-impartialement, très-judicieusement ressortir les inconvénients et les vices de ce genre d'approvisionnements, comme aussi de cette concentration ; nous nous bornerons à dire qu'il pèse en entier sur le boulanger, qui est le moins capable d'en supporter le fardeau.

Mais pourquoi toute la France est-elle restée *sourde* au décret de novembre 1858, qui lui prescrit une réserve de trois mois, soit en blé, soit en farine ? Ce décret, rendu sous l'influence d'une double et grande pensée, devait venir en aide à l'agriculture, à cette date encombrée, abattue par *les bas prix*. Elle devait trouver, là et par là, un placement, un capital. Et cela ne s'est pas produit.

Point d'achats en vue de cette réserve, point de concours : déception nouvelle, abandon, toujours abandon.

Lorsque apparut ce décret, nous avons aussitôt déclaré que nous n'y voyions qu'un simulacre, qu'il ne produirait rien ; et notre prévision s'est réalisée. Pas une ville de France n'y a répondu ; il est resté complétement à l'état de *lettre morte*.

L'esprit de ce décret renfermait le vice de l'approvisionnement de Paris ; il en appliquait tout le fardeau à la boulangerie, c'est-à-dire à la queue du système de l'organisation générale, et en libérait et dégageait la tête. Nulle part il n'y a donc eu capital ; aucune association nécessaire n'a pu se former, surgir d'un point quelconque. Or, à bout de vains efforts, les administrations municipales ont crié : *Grâce! merci!*

Il est cependant bien triste de voir un décret impérial tomber ainsi à l'état de lettre morte, et non moins déplorable de voir réduite à l'impuissance de toute exécution une mesure d'ordre d'une portée si haute, si incontestable. D'un pareil avortement, nous tirerons cette conséquence première : que les réserves sont dans l'esprit de l'Empereur, et qu'ensuite Sa Majesté doit tenir à honneur de faire prévaloir sa pensée la plus grande et la plus généreuse. Mais alors qu'on ne compte pas sur cette pauvre boulangerie, qn'on remonte plus haut, qu'on permette que la question soit livrée à une étude sérieuse, réfléchie et étendue. Nous savons, à n'en pas douter, que les idées de réservess ont dans tous les cœurs généreux, les esprits éclairés, qu'elles existent dans une très-notable partie de la Chambre. Et si cette question n'a pas été soulevée à la dernière session, ce n'a tenu qu'au profond respect de MM. les Députés pour l'initiative du Gouvernement. Ils se sont dit : Cela viendra.

Et cela ne tardera pas à se produire ; alors on verra que le pays possède assez de forces et d'éléments pour développer cette grande œuvre, et la conduire à bien par le double concours de l'initiative et de la liberté bien combinées, bien dirigées.

Voici l'amendement que nous avions soumis à MM. les Députés. lors du vote de la loi remplaçant l'échelle mobile par la liberté.

Cet amendement, quoiqu'il ait été trouvé très-raisonnable par un grand nombre de ces messieurs, n'a pas rencontré cependant un protecteur qui voulût se déclarer ouvertement pour lui. D'un autre côté, nous croyons pouvoir affirmer que les tentatives directes faifes par nous auprès de MM. les Membres de la Chambre, pour les exciter à prendre l'initiative, ont soulevé contre nous un ressentiment, une jalousie chez quelques hauts fonctionnaires influents. Nous ne pouvons que nous affliger de ces petites faiblesses, tout en ne nous en décourageant pas.

Notre caractère de franchise nous oblige à déclarer ici qu'il ne nous à jamais paru que l'Agriculture fût assez hautement représentée dans la division détachée pour elle du ministère du commerce et des travaux publics.

Voici l'amendement que nous avions présenté.

« Afin de protéger plus efficacement les intérêts des producteurs
» comme ceux des consommateurs, et pour éviter dans l'avenir
» les prix extrêmement bas, ceux excessivement élevés qui se sont
» produits dans le passé si fréquemment et qui ont laissé des
» souvenirs si regrettables, le gouvernement est invité, comme
» mesure *d'ordre* et de *sûreté*, à faire étudier et à présenter à la
» législation, à bref délai, un système de *Crédit agricole* spécial au
» *blé* en même temps que de *réserves* par le *blé*. Par cette mesure
» complexe, l'agriculteur, le blé se trouveraient rapprochés des
» avantages attachés jusqu'ici à l'industrie, à ses produits ; et alors
» les moyens, tant désirés, de pouvoir emmagasiner rationnelle-
» ment le blé, de le conserver sans pertes, sans déchets, se trou-
» veraient mis à la disposition de tous ceux qui voudraient
» attendre et se procurer le capital par la consignation.

« Les tarifs des chemins de fer, actuellement en vigueur, ont
» besoin, dans l'intérêt général, d'être remaniés, réduits de prix
» en ce qui concerne Le transport du blé. Le Gouvernement est
» invité à provoquer cette révision..... »

CHAPITRE XIV.

CONSERVATION DU BLÉ. — SON EMMAGASINEMENT RATIONNEL.

Le couronnement de l'œuvre des réserves se trouve dans les moyens de bien emmagasiner le blé, de le bien conserver. Disons, tout d'abord, que les garanties de pourvoir à ces mesures nous sont acquises. Exprimons ensuite un regret, celui de voir qu'un gouvernement, le plus jaloux de couvrir de sa protection l'intérêt général, déclarant vouloir combattre le renchérissement des denrées les plus nécessaires, déclarant être l'âme de l'agriculture, n'ait pas saisi encore une circonstance, une occasion, disons cette bonne fortune pour lui, de montrer toutes ses sympathies à cette grande question, la conservation du blé : cette clef de voûte de l'édifice social.

Depuis que nous sommes sur ce terrain, nous avons rencontré partout et toujours, non pas seulement de l'indifférence, mais du découragement, de l'opposition, de la résistance ; et, nous le déclarons, le découragement est complet ; il a gagné tous les cœurs, sauf le nôtre, et cela vient du Gouvernement.

On a tout englobé, concentré dans ces mots : *liberté, initiative privée, abstention de l'Etat.* Comme si ces mots avaient été capables de produire ces grandes institutions, ces gigantesques travaux qui font la prépondérance et la gloire de la France, à savoir la *Banque de France*, le *Crédit foncier* (disons même le *Crédit mobilier*), les *Chemins de fer*, les *Caisses d'Epargnes*, les *Assurances*, le *Comptoir national d'escompte*, etc...

Dans cette nomenclature nous omettons intentionnellement le *Crédit agricole* qui n'est, lui aussi, qu'un simulacre, une succursale du Crédit foncier. Nous omettons cette institution de *drainage*, malheureusement avortée.

En présence de ces grands mots : *liberté, initiative privée*, que de hautes idées, de nobles pensées aillent donc se heurter contre cette force d'inertie qui domine, cet esprit d'orgueil et d'égoïsme qui absorbe, surtout contre cette démoralisation qui a livré passage à tant de tentatives décevantes si fécondes en scandales, en désastres. Nous le répétons, même en face des discours tombant du plus haut, l'initiative privée, la liberté ne sont capables de rien de grand, de solide, de durable. A cet égard, le Gouvernement n'a point encore assez formé l'éducation de la nation. N'y comptons

11

donc pas, et demandons à l'Etat son protectorat, son concours, dans les limites les plus restreintes, pour assurer notre succès.

Encore ici, alors qu'on nous conseille de lancer notre esquif quand même contre cet écueil menaçant, inévitable : la *force d'inertie* du producteur, du consommateur, contre l'apathie du cultivateur qui attend tout sans s'aider en rien, ne sait formuler ni ses plaintes, ni ses besoins, ni ses désirs, nous voyons les administrations gouvernementales entrer largement dans cette voie du progrès, de l'assurance.

Nous avons déjà parlé de l'administration de la guerre ; nous constatons ici que cette administration comprend, de plus en plus, la nécessité des réserves, comme sources fécondes de l'économie, mais uniquement réelles et véritables que par la conservation assurée du grain ; les deux moyens que nous avons analysés ailleurs : l'*aération* et le *mouvement*, le *repos* et l'*inanimation*, sont pratiqués en même temps qu'étudiés par elle. En cela encore, la Marine l'observe et la suit.

L'Usine Scipion a aussi admis ce principe ; elle se propose de l'étendre et de le pratiquer dans toute l'étendue de ses ressources. Encore une fois, pourquoi le civil n'entrerait-il pas dans cette voie pour son propre compte et à son profit ; car, dans ces exemples, c'est lui qui fournit l'arme, l'élément, le *capital*, l'*intelligence*.

Disons au public, disons à l'Etat : Aidez-nous, le ciel nous aidera.

A la suite de la confusion qui vient de se produire dans nos ports de mer, sur nos quais, dans nos gares, il y aurait des documents sérieux à recueillir, une enquête instructive à faire sur les besoins, sur les nécessités qu'ont mis à découvert ces confusions, ces encombrements ; nous voudrions pouvoir visiter les côtes, questionner, observer. Mais que peuvent l'office et l'action d'un simple individu sans mandat, sans caractère ? Peut-être le Gouvernement sentira-t-il ce besoin. Mais quelle personne, quelle spécialité enverra-t-il ? Nous ne répondrons pas à cette question ; on connaît les usages, les habitudes, les *préférences*.

CHAPITRE XV.

DES MANUTENTIONS DE LA GUERRE (QUAI DE BILLY), — DE LA MARINE, — DES HOSPICES CIVILS (USINE SCIPION).

Quittons, pour un instant, cette voie de l'exploitation du pain, voie si pleine de foudrières. Prenons les Champs–Elysées ; entrons quai de Billy, dans ce bel établissement des subsistances de la guerre, et voyons un peu ce qui s'y fait, comment on y traite le blé pain.

A la bonne heure ; ici notre œil est satisfait, notre cœur rassuré, car voilà bien l'image de ce après quoi nous aspirons.

On se rappelle qu'il y a une dizaine d'années, lors de la discussion du budget de la guerre devant la Chambre des députés, le ministre de la guerre eut à donner des explications sur un marché très-onéreux passé avec un spéculateur, négociant farinier, marché concernant une livraison de blé à des prix excessivement élevés. Le ministre ne se tira de cette fausse position qu'en déclarant que *quelque onéreux que pût être ce marché*, il avait été très-heureux de rencontrer ce spéculateur, habile vendeur, car il n'aurait trouvé nulle part ailleurs à pourvoir aux nécessités de sa position dépourvue ! Il avouait avoir passé sous les fourches caudines de la spéculation. Le marché fut sanctionné ; le spéculateur heureux eut les honneurs d'avoir sauvé la position. Il n'était pas encore membre de la Chambre, nous l'y trouvons aujourd'hui, et nous pourrions citer encore des marchés heureux réalisés par ce même spéculateur, toujours à la tête du mouvement, plus que jamais en bonne veine de fortune, de crédit, de faveurs. de prépondérance.

Ce serait, selon le bruit général, la puissance devant laquelle il nous faudrait baisser pavillon ; mais ce serait là, de notre part, une véritable pusillanimité, et nous n'en sommes pas capable.

Au contraire, plus la puissance est en relief, et plus nous allons droit à elle.

Cette critique ou temps d'arrêt de la Chambre sur ce marché, fut pour le ministre un avertissement et une leçon. Depuis lors, l'administration de la guerre opère directement et par elle-même ; elle le fait avec discernement et profit. La marche de ses opérations est basée en même temps sur son propre intérêt et sur l'intérêt de la nation, c'est-à-dire qu'elle se préoccupe du soin de ne pas peser sur les cours en n'intervenant pas sur les marchés intérieurs dans les temps de déficit. Elle opère donc particulièrement à l'étranger, et s'empare presque exclusivement des blés que produit l'Algérie ; or, on sait combien ces blés sont d'une qualité supérieure comme richesse nutritive, sinon comme apparence et blancheur. L'administration de la guerre travaille ces blés très-bien : ce que ne savent ou ne veulent pas faire nos meuniers spéculateurs ; elle donne donc à ses soldats un pain qui contient toute la richesse, tout le gluten du blé, pain très-bon, quoique d'une teinte jaunâtre ; pain supérieur à cet égard à celui très-blanc, très-sec que nous fournissent les boulangers, lesquels nous éblouissent, en revanche, par l'éclat des glaces, des dorures de leurs boutiques, par les pâtisseries, les liqueurs qu'ils étalent, tout cela, bien entendu, au préjudice du pain.

L'administration de la guerre est toujours amplement pourvue de quantités de blé. Elle sait les emmaganiser, les conserver très-bien et presque sans dépenses. Elle opère en grand avec sécurité, fait arriver directement en ses lieux de dépôt ; elle n'est enfin tributaire de qui que ce soit.

Qu'une crise vienne à éclater pour le public, elle est pourvue ; elle a tout prévu, tout prévenu. Elle peut patiemment attendre et se moquer des imprévoyants.

Nous renvoyons, pour plus complets renseignements concernant ses opérations, achats de blés, aux dépositions aussi remarquables qu'instructives que son mandataire, M. Gauldrée Boilleau, a faites devant les commissions du conseil d'Etat, lors des enquêtes ouvertes sur les questions *Céréales, Meunerie, Boulangerie,* etc.

Mais à quoi servent des enquêtes, puisqu'elles sont étouffées, ensevelies dans l'oubli.

Nous puisons, dans ce qui se pratique, dans cette grande administration, un élément de force et de conviction pour nos idées d'action directe, de réserves, de conservation. Nous ne pouvons nous empêcher de reconnaître que l'élément, le nerf de tout cela, c'est le *Capital,* l'*Intelligence* et la *sollicitude.*

Or, le public possède ces trois éléments ; c'est lui qui les fournit à la guerre ; pourquoi ne les applique-t-il pas à lui-même, à ses propres besoins ? Nous adressons cette question au Gouvernement, nous la renvoyons aux Députés, aux Conseillers généraux. Nous la ferons aux Conseillers municipaux de Paris qui, depuis plus de cinq ans, glissent si fatalement sur l'intérêt du pain.

Nous ne parlerons pas davantage de la meunerie, de la boulangerie, de cet admirable ensemble, de tout ce qui est *blé pain,* et que l'on trouve encore là. L'intelligence, l'économie sont saisissantes ; on admire et se demande : pourquoi ce magnifique spécimen ne profite-t-il pas au bien général.

L'administration de la marine ne pouvait pas rester en arrière de son aînée. Elle organise dans tous les grands arsenaux, celui de Cherbourg particulièrement, des services imposants et complets de meunerie, de boulangerie, de réserves, de prévoyance. Elle y trouvera, comme à la guerre, une économie considérable et une nutrition meilleure.

D'un autre côté, l'établissement Scipion, pour les hospices civils de Paris, est encore un haut type de panification qui prend un développement de plus en plus considérable, bien que son administration éprouve des résistances trop nombreuses, apportant des tiraillements dans le service : inconvénient qui tient à ce que l'autorité, mal définie, gêne la direction, quelque dévouée et habile qu'elle soit. Nous répétons que le pain sortan de l'Usine Scipion est de qualité supérieure, et se vend 0 fr. 05 c. au-dessous de la taxe par kilo ; beaucoup de familles ne craignent pas de venir de très-loin, pour s'approvisionner dans ses rares dépôts.

Eh bien! nous le disons, sans vaine présomption aucune : « Alors » que nous aurons établi en amont et en aval de Paris, sur la » Seine, nos deux moulins, nous ferons la mouture dans des con- » ditions meilleures, plus économiques que ne la font ces admi- » nistrations. Et sans doute elles désarmeront, elles éteindront » leurs foyers-vapeur pour nous confier leur grain et en faire » farine, car rien n'est égal à la force hydraulique dans des con- » ditions de puissance et de position telles que celles que nous » allons avoir. »

Il existe à Lyon un établissement civil (meunerie, boulange- rie) à l'instar de l'Usine Scipion], lequel, après avoir traversé quelques phases périlleuses résultant de sa vicieuse origine, rend en ce moment de grands services aux ouvriers de cette cité.

Par une singulière contradiction, l'Usine Scipion, organisée aux frais de la préfecture de la Seine, administrée par elle, est cependant rangée en dehors des services de compensation et de Caisse. Par ce fait, l'autorité se donne à elle-même un démenti. Autre contradiction : l'autorité tient en compression la boulan- gerie d'une main; de l'autre, elle lui impose une concurrence, la plus éclairée, la plus redoutable. Nous ne commentons pas, nous nous bornons à constater.

Depuis longtemps il circule dans le public cette présomption que l'Administration municipale, ou plutôt M. le Préfet, aurait la pensée d'établir dans Paris un certain nombre d'usines à l'instar de celle Scipion, mais alors consacrées au service des consomma- teurs civils.

Nous ne croyons pas cette conception arrêtée. Déjà nous avons établi qu'une municipalité ne saurait, sans déroger dangereuse- ment à son caractère, à ses devoirs, se lancer dans la voie des èntreprises de fournitures quelconques, toutes de commerce et d'industrie ; mais cela indique clairement que l'autorité municipale reconnaît le besoin de faire paraître et introduire dans la production du pain un nouvel agent, un organe détaché.

Dans ce cas, son rôle comme son mandat se bornent à faciliter, protéger, encourager ce nouvel intervenant, alors qu'il lui aura apporté les garanties auxquelles elle doit tenir.

On ne lira pas sans intérêt la note suivante, constatant l'importance qu'attache l'Administration de la Marine à la grande question alimentaire ; à Toulon, à Brest, à Rochefort, partout les mêmes préparatifs.

« Le service des subsistances de la Marine, à Cherbourg, dont
» les magasins sont disséminés aujourd'hui sur plusieurs points,
» prendra possession, vers la fin de l'année prochaine ou au
» commencement de 1862, des nouveaux établissements dont on
» poursuit activement la construction. Ces magnifiques établisse-
» ments, qui forment une masse des plus imposantes, sont con-
» struits dans la partie sud-est de l'Arsenal. Ils ont un cachet tout
» particulier, qui les distingue complétement des autres maga-
» sins et ateliers de l'Arsenal : c'est une imitation des magasins
» des Docks anglais.

» La dépense, pour leur construction, dépassera quatre mil-
» lions de francs ; le chiffre présumé de la dépense s'est trouvé
» considérablement augmenté par les difficultés qu'on a rencon-
» trées dans les fondations du bâtiment principal. En effet, le ter-
» rain sur lequel on avait à l'établir, peut être classé dans la ca-
» tégorie des plus mauvais terrains ; il a fallu dès-lors songer à
» l'emploi des pilotis. On ne sera donc pas surpris du chiffre de
» six mille pieds d'arbres environ employés pour ces pilotis et le
» grillage de fondation, lorsqu'on saura que ce bâtiment a trois
» cents mètres de longueur environ sur vingt-deux mètres cin-
» quante centimètres de largeur. Avec cette grande largeur, et
» en vue surtout de la charge que les planchers auront à suppor-
» ter, on a dû placer sous chacune des poutres quatre supports

» divisant cette largeur. Il a fallu aussi, pour ces derniers, recou-
» rir au même système de fondation que pour le reste de l'édi-
» fice.

» Ce bâtiment, qui a quatre étages, renfermera les moulins,
» les fours et les magasins. »

Les moulins ont été construits par l'importante maison Féray,
d'Essonne.

CHAPITRE XVI.

NOUS NOUS RÉSUMONS. — NOUS CONCLUONS.

Nous rappelons que M. le sénateur Tourangin finissait son
bien remarquable rapport, devant le Sénat, en 1859, par cette
exclamation :

« Est-il possible de tolérer plus longtemps de tels désordres! »

Nous, aussi, nous terminons notre travail en renouvelant cette
exclamation devant le *bon sens*, devant l'*opinion publique*, notre
juge suprême à tous ; et, comme M. le sénateur, l'un et l'autre ré-
pondront : *Non !* — Et alors nous aurons triomphé.

Nous croyons avoir accompli notre tâche avec conscience et
impartialité. Dans ce développement par chapitres, nous avons
abordé loyalement tous les points qui touchent à la production du
pain, et nous croyons n'avoir pas apporté de passion dans cet
examen approfondi et véridique.

Nous nous sommes renfermé, le plus exclusivement, dans notre
rôle de narrateur, d'historien, et cette double puissance des faits
nous a suffi pour faire ressortir les vices et mettre à nu les plaies
qui rongent cette première production de la nature : le *blé*, dans
les phases diverses et alternatives de sa production, de sa mani-
pulation, jusqu'à ce qu'elle arrive en pain dans la main du
consommateur.

Mettre à nu et rendre saisissantes pour tous les *lacunes,* les *im-
perfections,* les *faiblesses,* les *ridicules,* tant de turpitudes enfin,

n'est-ce pas les faire disparaître? n'est-ce pas nous rendre irré-sistible?

Nous avons placé le remède en regard de l'abus, opposé le bien au mal; mais nous n'appelons, contre ce déplorable désor-dre, aucun sévice, aucune intervention, même restrictive. Loin de là, nous demandons l'oubli, l'affranchissement de toutes con-traintes; nous nous bornons à proposer une action neuve, un germe pur et fécond; car nous trouvons le correctif d'un passé funeste dans la concurrence, seule capable de ramener tout au bien.

Qu'on nous laisse donc ouvrir cette concurrence dans la me-sure et les proportions que nous avons signalées, et nous répon-dons de tout.

On aura pu s'en convaincre : le mal le plus actif et celui qui pénètre le plus profondément, il se trouve dans la spéculation, l'agiotage, accessibles au trop grand nombre.

La surface de ces affaires est si fréquemment agitée, troublée, qu'un praticien sage, un bon boulanger de la rue du Bac, nous disait encore ces jours derniers : « Je me suis mis aux marchés à » cuisson; je n'ai que 8 fr. 50 c. par sac, au lieu de 11 fr.; mais » j'ai ma tranquillité. Je laisse à mon farinier 2 fr. 50 c. pour » toutes les alternatives! »

Eh bien! cette prime accordée pour la tranquillité, c'est l'ad-ministration qui la fournit, c'est la consommation qui la paie. On voit que, d'une part, le boulanger abandonne 24 p. 100 sur cette prime, et que, de l'autre, il demande avec instance que cette prime soit augmentée de 25 p. 100. Il y a donc ici contradiction évidente. Il résulte de tout ceci que c'est le pain qui détermine le prix de la farine; le meunier est son propre vendeur; il va faire la déclaration, à ce double titre d'acheteur et de vendeur; il porte l'argent à la Caisse, d'une main, pour le reprendre de l'au-tre. Quel enseignement moral ressort de cette triste comédie ? n'est-il pas bien regrettable, bien malheureux de voir l'adminis-tration et des hommes honorables y jouer un rôle de dupes.

12

Chacun de nous ne sait-il pas que plus les affaires sont portées haut, plus elles sont sérieuses, sincères, utiles, et que plus sévèrement elles ferment la porte aux abus, aux captations. On se plaint bien quelquefois de mesures d'urgence prises par des compagnies, mais ces mesures exceptionnelles sont loin d'effacer leur action bienfaisante. Que l'on vienne à supprimer tout à coup la Banque de France, au trouble instantané que causerait pareille décision, on apprécierait davantage les éminents services rendus par elle, et si demain, le public apprenait que le Crédit Foncier, le Crédit Mobilier même, sont arrêtés, compromis, le crédit public en ressentirait un contre-coup terrible, et cependant ces institutions ne datent que d'hier. Il en sera de même de notre création, car nous serons pour le *Pain,* pour le *Blé,* pour l'*Agriculture,* ce que sont ces grandes institutions pour le mouvement général des affaires.

Ainsi donc, nous appuyant sur l'esprit et le texte de la *Constitution* de l'*Empire,* que nous prenons pour égide, nous déclarons radicalement contraire aux intérêts généraux, aux principes de l'ordre, de la moralité, l'état actuel, les moyens qui concourent à la production du pain.

Nous en demandons le redressement, la transformation par les moyens que nous avons nettement formulés, et que nous reproduisons plus loin.

Nous demandons que tous précédents, toutes influences, toutes prépondérances quelconques, et de quelque haut qu'elles viennent, soient complétement effacées.

Nous demandons que tout système bâtard de conciliation, de concession, de transaction, d'amalgame, soit désormais mis à néant; qu'aucun retard même, ni délai, ne viennent plus entraver, arrêter cette résolution indispensable.

Nous demandons que l'intérêt général, seul en cause, domine seul toute la question, méconnu, foulé aux pieds qu'il a été par les complaisances, les condescendances, les faiblesses de vanité et d'amour-propre, etc., etc.

Nous demandons enfin toutes ces réformes, comme acte de justice, au nom de l'*opinion publique,* qui nous a compris, qui en définitive est la *voix du peuple.*

Une volonté suprême ne restera pas sourde à notre voix, et les plus hauts dignitaires de l'Empire même, Ministres, Sénateurs, Députés, Conseillers d'État, Conseillers municipaux, Préfet, prendront aussi, nous osons l'espérer, en considération le vœu de l'opinion publique.

Bases de notre intervention. — Concurrence devenue la source des améliorations sur tous les points du service.

Sera autorisée à se constituer une Compagnie, sous forme anonyme, dont l'objet sera :

1° L'achat direct des blés, soit indigènes, soit étrangers.

2° Leur conversion en farine (*Meunerie*).

3° La transformation des farines en pain (*Panification*).

4° L'approvisionnement ou réserves par des achats faits en temps d'abondance, pour être écoulés aux époques de rareté, de cherté.

5° L'exécution d'un mode d'emmagasinement, de conservation assurant le bienfait de ces réserves.

A l'effet de satisfaire dignement à toutes les exigences de ce programme, et d'en développer même l'application, la Compagnie sera autorisée à établir, près Paris, en amont et en aval de la Seine, deux USINES-MOULINS : l'une, celle en amont, soit sur la Marne, à son confluent avec la Seine, soit à l'un des barrages qui s'établissent au Port-à-l'Anglais, à Villeneuve-Saint-Georges, soit plus haut encore ; l'autre, celle en aval, sur le barrage établi à Andrésy.

Ces usines mues par la force hydraulique que donnent les eaux très-abondantes, recevront la préparation et l'extension, les plus considérables. Elles auront pour mission première de pourvoir aux fournitures du pain de Paris et du département de la Seine; après quoi, ce premier besoin satisfait, la Compagnie pourra étendre ses opérations partout où bon lui semblera.

Les blés seront convertis en farine dans les conditions les plus conformes aux lois de l'hygiène et de l'économie.

Afin de pouvoir faire apport de ces farines dans la consommation d'une manière distincte et spéciale, la Compagnie sera autorisée à ouvrir et former dans Paris et le département, un nombre d'établissements de panification soit déterminé par l'autorité, soit laissé à son libre arbitre. Cette introduction se fera graduellement, progressivement. Chaque établissement de panification sera tenu à n'employer que des farines provenant de ces usines; il sera pourvu de fours les plus convenables, de pétrins, d'une machine locomobile (système Lenoir ou autre) n'exigeant pas de chaudière. A l'égard de la direction de ces établissements de panification, il sera pris avec leur gérant ou administrateur les mesures les plus strictes pour qu'il existe entre eux et la Compagnie une unité de direction et d'efforts, une co-association, une participation, bref un lien des plus étroits et des plus sympathiques.

Le prix de la vente du pain sera déterminé, chaque mois, par le tableau résultant des achats faits en blé. A ce prix de revient, il sera ajouté une somme, à titre de frais généraux de l'établissement de détail; chaque représentant de la Compagnie restant ainsi l'arbitre et le bénéficiaire de son travail, du développement de ses efforts, de son intelligence.

Ces dispositions seront ultérieurement développées, et précisées dans tous leurs détails.

Chaque directeur de panification sera tenu de fournir un cautionnement. Les améliorations, les réformes en ce qui concerne les ventes au poids de toute nature, en forme de pain, de pains dit de fantaisie, seront largement entreprises en faveur du consommateur. En n'adoptant pas les abus existants, la Compagnie les supprime tout naturellement.

Des Approvisionnements.

La Compagnie ne peut opérer grandement qu'en observant les conditions imposées à toutes grandes industries : à savoir : l'approvisionnement, la marchandise disponible, la grande loyauté.

Des Réserves.

En outre de ses approvisionnements ordinaires, la Compagnie est instituée pour établir et faire surgir le principe de la *Réserve en blé*.

A cet effet, elle pourra faire, dès qu'elle le croira à propos, des achats de blés en vue de les conserver et tenir en réserve par les moyens et procédés qu'elle aura reconnus les plus favorables. Elle établira des magasins faisant office de *docks* ou magasins généraux spécialement affectés à son service dans les lieux et endroits qu'elle jugera les plus convenables à cette destination.

Elle s'entendra avec les municipalités des villes qui voudront concourir, soit par elle, soit avec elle, à ce service, de manière à imprimer une action véritable à l'esprit du décret impérial du 16 octobre 1858.

En ce qui concerne le service de ces réserves, la Compagnie s'entendra avec l'Etat sur le mode à adopter pour la partie capitale.

A cet égard, M. Gosset rappelle ici qu'au mois de janvier 1861 il a présenté à S. Exc. M. le ministre de l'Agriculture un projet complet de *Réserves en blé* et de *Crédit agricole pour et par le blé*. Ce projet, renvoyé par S. Exc. à M. le conseiller *Suin*, devait être soumis à l'examen d'une commission spéciale qui n'a pas fonctionné encore. Cependant ce document a été apprécié favorablement par des hommes très-compétents, par des députés. M. Gosset en réclame ici *l'examen définitif*.

En résumé, nous demandons au Gouvernement, à l'Empereur:

1° La prise en possession *gratuite* de deux forces hydrauliques sur la Seine;

2° Le concours d'un capital de cinq millions au même titre que celui prêté aux diverses grandes industries, conformément à la loi votée dans la session de 1860;

3° L'autorisation d'obtenir toutes concessions nécessaires à la constitution d'un service de réserves, soit spécialement dans l'intérêt de la Compagnie, soit pour l'extension de cette mesure au service de l'agriculture et de son expansion dans l'intérieur et sur les côtes;

4° Une réduction et révision sur les tarifs des chemins de fer;

5° Enfin notre intervention dans la consommation du pain dans Paris, et partout ailleurs si bon nous semble, à titre de *concurrent* sérieux, et au nom de l'intérêt général.

Nous rappelons, à ce propos, que, depuis plus de trois ans, nous avons signalé à la municipalité de Paris un emplacement qui lui appartient, et très-heureusement situé pour y établir notre *quartier-général*; nous renouvelons ici notre demande, mais non pas à titre gratuit absolument. Nous connaissons les transformations projetées sur ce terrain.

Pour ce qui est de la réalisation du capital, nous ne demandons qu'une chose, c'est qu'il nous soit permis d'ouvrir, à cet effet, une souscription, tant pour les actions que pour les obligations, soit à la *Banque* de France, soit au *Crédit foncier* de France.

Le public saura discerner ce qu'a de bon et de sérieux notre affaire et il ne la confondra pas avec toutes les autres.

Cet appel pourrait bien être le point de départ pour une nouvelle ère financière et le crédit public se relèverait avec avantage pour la moralité et les transactions à venir.

Dans cette énumération de demandes, rien n'est impossible.

Tout est *possible*, car tout y gagne. Et nous terminons par ce mot : **Urgence.**

Urgence... car le renchérissement du pain semble être mis à l'ordre du jour.

Urgence... car le déficit s'acclimate en France.

Urgence.... car le niveau des souffrances, loin de s'abaisser, monte et grossit toujours.

Urgence... car une voix qui ne parle jamais en vain a dit : « Je » . vous recommande par dessus tout de combattre le renchérisse- » ment des denrées les plus nécessaires. »

Urgence encore... car le pain est la base de la vie à bon marché.

Urgence enfin... parce qu'il nous faut beaucoup de temps pour édifier sur des bases solides et larges.

Et nous terminons par ces mots : Réformes utiles, bienvenues, au moment où le cercle des prérogatives impériales s'étend pour faire plus de place aux améliorations, à l'époque où notre auguste souverain se plaît à ouvrir la main pour en laisser échapper des mesures d'ordre et de protection. — Attendons et espérons ! •

Et que ceux qui sont pour nous, soient avec nous, qu'ils nous le disent et s'unissent à nous, car l'union fait la force.

CHAPITRE XVII.

DES SOLLICITUDES DE L'EMPEREUR. — SES PRÉOCCUPATIONS A CET ÉGARD.

Nous sommes pénétré d'admiration et de reconnaissance pour ce qu'a fait l'Empereur : il a sauvé la France ; il l'a placée à la tête des nations. Nous apprécions tout ce qu'il y a de grand, de généreux dans l'esprit et le cœur de Napoléon III ; nous apprécions surtout l'étendue des initiatives qu'il a prises, de celles que nous pouvons en attendre.

En ce qui nous concerne personnellement, nous exprimons un profond regret, c'est que sa personne ne soit pas facilement accessible.

Beaucoup de nos amis, nos partisans les plus ardents nous ont toujours dit : « Faites tout au monde pour pénétrer jusqu'à l'Empereur ; là est, pour vous, le succès. L'Empereur comprend tout ce qui est juste et utile. L'Empereur est le suprême arbitre de ces hautes questions ; alors il vous comprendra, et avec lui vous arriverez.....»

Et comme nous n'avons pu pénétrer jusqu'à Sa Majesté, comme nous ne sommes pas arrivé encore, nous avons vu tous nos amis, nos partisans se refroidir, s'éloigner et se dire : M. Gosset a de bonnes idées, mais il a trop de personnes, trop d'intérêts ligués contre lui, il ne parviendra pas ; eût-il mille fois plus raison encore, il ne parviendra pas, du moment qu'il ne peut arriver jusqu'à l'Empereur.

Pourquoi donc n'avons-nous pu obtenir audience de Sa Majesté ?

Nous savons que l'Empereur est toujours affligé quand une nouvelle crise alimentaire se produit. Nous croyons très-fermement que Sa Majesté se préoccupe beaucoup de ces crises, qu'elle recherche les moyens les plus sûrs d'en atténuer les effets et de les rendre moins fréquents. Cela se comprend; l'Empereur cède aux sentiments de son cœur.

Ne nous affligeons pas cependant si nos tentatives les plus directes, appuyées seulement de pièces à conviction faites pour nous obtenir les honneurs d'une audience impériale, sont restées sans résultat encore.

Nous pensons assurer aujourd'hui ce résultat par l'appui de l'opinion publique; alors que nous aurons pu faire pénétrer en elle nos convictions les plus intimes et les plus sincères.

Nous comprenons combien Sa Majesté doit être sévère dans l'examen d'une aussi haute faveur, laquelle engage toujours.

Nous avons exposé les espérances que l'on a conçues sur les combinaisons : *Système de compensation* et *Caisse*, combinaisons contre lesquelles nous nous prononçons loyalement.

Mais l'Empereur n'accueille et n'entend pas que des louangeurs.

Et, alors qu'un homme se présente en adversaire d'un système contre lequel il a à faire valoir les arguments que nous apportons, les sentiments que nous exprimons, il doit avoir la certitude d'être entendu..... Et nous serons entendu par l'effet de l'ascendant moral, ce qui vaut mieux que par la faveur.

Terminons ce chapitre et ce long exposé en demandant :

Que Dieu protége l'Empereur!... Que la Providence assure de bonnes récoltes à la France!...

CHAPITRE XVIII.

UN MOT SUR MA PERSONNE.

J'ai tout dit, tout démontré, tout dévoilé....

Mon esprit, mon cœur et mon âme sont tout en ce travail.

On sait où je veux aller, ce que je veux atteindre.

Est-il besoin que l'on sache d'où je viens?

Le mieux, le bien se prennent, s'acceptent de quelque côté, de quelque part qu'ils se présentent.

Cependant, et lorsqu'un homme fait appel au bon sens, à l'opinion publique, c'est qu'il est fort de lui-même et qu'il peut mettre à nu et sa vie et ses actes.

Quelles que soient les déceptions qu'ait pu éprouver cet homme dans son existence active, il est digne du moment où ses sentiments sont restés purs, son âme élevée, son courage énergique et constant.

Les dures épreuves ne sont-elles pas le précurseur ordinaire des grands résultats, des légitimes succès ?

Je ne suis ni meunier, ni farinier, ni boulanger, et si j'interviens ici contre eux avec autant d'assurance, c'est qu'il m'a été donné de les suivre, de les observer, et que je les ai toujours rencontrés en résistance aux améliorations, en opposition au bien public.

Je suis de ma nature porté au bien, conduit vers ce qui est grand, généreux. Ce mot *innovation* me plaît et m'entraîne.

J'ai exercé, de 1830 à 1842, une profession commerciale élevée (celle des rubans de soie en gros). Je m'y suis fait une bonne réputation comme commerçant. Je m'y suis fait remarquer comme homme de goût et de compositions hardies. J'ai grandement contribué à la prospérité de la fabrique de Saint-Etienne tant renommée, à celles de Saint-Chamond de Lyon ; mon souvenir y occupe encore une bonne place.

Une raison de santé me força à quitter les affaires en 1842, j'étais menacé de *cécité*, tout travail m'était interdit. Je dus vivre à la campagne en contemplation de l'espace, de la nature.

Le besoin de mouvement et un peu de mieux me firent désirer une occupation douce en rapport avec ma santé à ménager.

C'est alors, qu'en 1845, il me fut conseillé de prendre une participation dans un établissement industriel, spécialité de *Moulins à blé*, dirigé par un ingénieur, homme d'un nom connu dans cette science, déjà inventeur de divers procédés améliorateurs, et devant se frayer facilement une belle carrière, du moment où il serait doublé par un capital et une intelligence administrative.

C'est dans ces dispositions que je lui livrai mon avenir, mon avoir presque entier. J'espérais donc...

L'illusion ne fut pas de longue durée : il me fallut reconnaître bientôt que le terrain sur lequel je m'étais posé n'avait pas la fermeté que je lui avais supposée. J'eus à dégager une position embarrassée. J'eus à outiller à neuf les ateliers afin que les travaux fussent bien entrepris. Enfin, il me fallut reconnaître que toujours des marchés importants étaient mal calculés, entrepris à perte, et exécutés trop *artistement.*

En effet, cet homme était artiste : il en avait tous les défauts de légèreté, d'inconstance.

Mais déjà il était trop tard pour couper court.

Je fus entraîné bien au delà de mes prévisions.

Il me fallut tout sacrifier ; d'un autre côté, quelques valeurs de bourse, conservées en dehors, perdaient de leur valeur,

Et puis encore survint la révolution de 1848, qui vint briser tous mes efforts.

J'étais responsable moralement et non de fait. Il me fallut répondre seul à cette responsabilité.

Le seul bien que je retirai de ce désastre si précipité fut cette grande pensée que je développe ici ; que j'avais puisée, arrêtée dans mes relations avec la meunerie, la boulangerie, pendant ces deux ou trois années si terribles.

J'élevai au-dessus des eaux ce précieux débris comme une *arche sainte*, et j'y attachai mon salut, ma réparation.

C'est depuis lors mon but constant, mon idée fixe ; j'use ma vie, j'épuise les ressources du travail à suivre, à observer, à poser des jalons.

En 1853, j'ai porté, devant le Conseil général de la Seine, la proposition de fonder dans Paris douze manutentions, une dans chaque arrondissement. Ma proposition, retenue par le Conseil, était à l'étude d'une Commission, lorsque M. le Préfet, vint présenter son système de compensation et de caisse. Dès lors je fus oublié ; ce qui n'empêcha pas M. le préfet de monter deux ans après *l'usine Scipion,* laquelle n'est que la reproduction de mon système.

Depuis lors, le Conseil général municipal, a pu me suivre, car je l'ai toujours entretenu. Et je l'attends encore.

J'ai dû tenir tête à de grands et nombreux obstacles et, en ce moment où je déroule le plan le plus sainement, le plus largement conçu, alors que je le produis dans les conditions les plus favorables comme opportunité et nécessité, mes affections, mes amitiés se fatiguent de ma persévérance et se tournent contre moi. Ah ! c'est qu'il y a *quinze* ans que l'on me voit attaché opiniâtrément à cette réforme, on sent, on sait ce que cela me coûte. Il m'a fallu lui consacrer toute ma liberté d'esprit, mon indépendance, négliger ce qui pouvait me promettre un avenir calme et assuré.

Mais alors que le *succès* sera venu, je serai alors et pour tous, un homme heureux, complimenté, recherché.

Comme aussi si *l'insuccès* me fait tomber, j'aurai été coupable, mal avisé, il ne me sera tenu compte d'aucun de mes sacrifices.

Telle est l'espèce humaine.

La question du pain présente ce contraste étrange que, tout d'abord, elle soulève l'intérêt, elle éveille les sympathies, elle entraîne... Mais tout à coup, et alors qu'il s'agit de passer à l'effet, alors elle apparaît comme la tête de Méduse, elle glace d'effroi, on s'en détourne.

Tels sont les hommes *politiques*, ceux des administrations, ceux de la *presse*, voire même ceux qui sont chargés de reproduire les pensées... On recule épouvanté.

Eh bien ! moi, au contraire, je le dis sans vanité, je n'ai jamais redouté, je n'ai point hésité, retardé même. J'ai toujours avancé. Et, malgré l'humilité de ma position, je crois avoir conquis la place la plus *avancée*, la plus inexpugnable. *Et l'appui de l'opinion publique me fera franchir l'espace qui me reste à conquérir.*

Je termine cet historique. Et je prie ceux que j'aurai eu le bonheur d'intéresser, d'attacher à ma cause, de ne pas concentrer en eux ce sentiment précieux et de vouloir me le communiquer. J'ai besoin de savoir que je suis compris, protégé.

Je n'ai pas la prétention d'avoir seul tout prévu, tout pensé au mieux et pour le mieux. Je sollicite les conseils, le concours de tous les hommes intelligents et sympathiques...

Avec prière de propager.

GOSSET,

130, faubourg Poissonnière.

Paris, 10 février 1862.

CHAPITRE XIX.

DERNIERS RENSEIGNEMENTS.

Les événements et les faits qui se sont produits dès août et septembre derniers présentent, avec ceux qui éclatent à cette date et depuis quelques semaines, une situation très-opposée, de laquelle il y a de grands enseignements à retirer. Ces faits contradictoires viennent pleinement justifier nos inquiétudes, corroborer notre intervention, nos affirmations.

Lorsqu'une tension est exercée sur une corde, sur un cercle, avec trop de force, de violence, elle amène conséquemment la rupture.

Nous avons vu aussitôt août, septembre, le complot à la hausse, la spéculation s'efforcer d'exercer une pression sur les cours, tendre de toutes ses forces la corde de *l'action.*

Il devait logiquement en résulter un *détendu, une réaction...* C'est ainsi que, après avoir vu les prix s'enfler, nous les voyons à présent se détendre, se rapprocher de l'état normal.

Ce qui se produit est facile à expliquer. Aussitôt le cri d'alarme *déficit* jeté, répercuté, il est surgi une nuée de spéculateurs, acheteurs soit à ferme, soit à différences et à terme. De là l'exagération par la demande, prix très en hausse.

Tous ces intervenants de toutes classes, de toutes conditions, ayant opéré bien au delà de leurs ressources effectives et sans débouchés, sans placements assurés, ont tout aussitôt senti le besoin de *couvrir*, c'est-à-dire, de se doubler par une *couverture* de leurs achats. Alors ils ont cherché à vendre, afin d'équilibrer ou d'arbitrer leur position. De là l'exagération de l'offre, dépréciation des cours. De plus, ces intervenants ont vainement fait appel au capital. La situation tendue des affaires en général a enlevé celui-ci aux grains, aux farines, et de là abandon, déceptions, ruine.

En ce moment, 10 février, les blés ont baissé de 10 à 15 pour cent, et cela a suffi pour entraîner la masse des spéculateurs : la situation est désespérante, scandaleuse. Il y a *désarroi* sur toutes les lignes. On cite des désastres, des ventes forcées, des exécutions, des suspensions, des faillites... C'est le comble du désordre, de l'immoralité...

Sur les places principales il y a encombrement des matières, mais ces masses sont frappées de droits, d'avances, de découverts que l'on ne peut lever, et alors la circulation se trouve arrêtée; ce qui fait que par opposition la plupart des marchés des départements sont peu garnis et laissent percer le déficit.

Assurément il n'y a rien de bon, rien à gagner à cet état des choses, sauf pour quelques capitalistes hors ligne.

Assurément il y a beaucoup à perdre, énormément à régretter pour les masses de voir toujours et encore le *blé*, le *pain* à la merci d'une poignée de *vils trafiquants* qui sont encore à *chasser du temple!!*

C'est la domination de la passion du *jeu*, du *maléfice* dans toute son ardeur, et si *un* tombe, il en surgit *quatre*.

Et cependant nous voyons le gouvernement, dans son exposé de la situation de l'Empire, dire ceci : « La crise alimentaire que nous traversons a pleine- » ment justifié les prévisions économiques qui avaient dicté la législation » du 15 juin 1861... Maître de ses mouvements, libre dans son *essor*, le » commerce a manifesté une initiative, une activité que la sécurité d'une » législation permanente peut seule inspirer, etc. »

Cela est bien, mais toujours est-il que l'on a été surpris, *inquiété*, par les efforts audacieux, téméraires, de quelques-uns...

Et si ces quelques-uns avaient été de force à soutenir la position plus longtemps, à la tendre davantage, ils auraient pu nous conduire bien loin, beaucoup trop loin...

Il est cependant facile de comprendre et de sentir que, si au lieu de *cent* de ces oisifs de profession, se réveillant seulement aux instants de crise, et pour *dévorer* ou se *ruiner*, il se fût présenté seulement dix, cinq même, mais sérieux mandataires d'usines importantes, opérant froidement, sérieusement pour le besoin de leur organisation, ayant un placement assuré, n'ayant pas besoin de couvrir leur achat par une vente quelconque, ayant la confiance, l'estime générale et le capital, nous n'aurions pas eu le pain à 1 franc.

Il est aussi à craindre qu'après l'exécution de cette masse de *petits*, sitôt épuisée, nous ne voyions bientôt la *grosse* spéculation reprendre le dessus et, nous faisant sentir le poids de sa force, nous fasse payer le prix de ses services.

D'un autre côté, nous sommes informé que la question *boulangerie*, depuis plus de *cinq ans* en pérégrinations, du Conseil d'Etat au Conseil municipal, est encore en pleine *somnolence* au Conseil d'Etat : on craint de la réveiller, de la troubler, elle est tenue dans le *coton*, en heureuse personne... Qu'importent les faits, les incidents : le chapitre des ménagements, des réciprocités, l'emporte et l'intérêt général est écarté, submergé.

Qu'importe l'exclamation de M. le sénateur *Tourangin?* Qu'importe l'interpellation de M. le député *Curé?* qui a eu la simplicité de demander où en était cette question de la boulangerie...

Aussi il lui a été répondu qu'il y avait eu un rapport, *rapport très-remarquable*, d'un conseiller d'Etat; lequel rapport avait été ensuite confié à l'un des hommes les plus éclairés du Conseil municipal (M. le sénateur Dumas), et ce, sans aucun doute, dans un intérêt général, mais encore, et beaucoup plus selon nous, pour concilier, *ménager* la position, les prérogatives de M. le *préfet de la Seine.*

En attendant que nous puissions connaître le résultat du travail de ce membre le plus éclairé du Conseil municipal, il nous sera permis de commenter ici et quelque peu le rapport de M. le conseiller d'Etat Le Play. Cela ne manque pas d'intérêt.

Après avoir vivement critiqué, attaqué, sévèrement condamné ces systèmes de compensation, de caisse, d'intervention, etc., M. le rapporteur conclut ainsi : « *Il y a lieu de supprimer la Caisse de la Boulangerie dès à présent,* » *sauf à la remplacer momentanément par quelque chose d'*ÉQUIVALENT *et de* » *plus simple.* » Telles sont les conclusions après une enquête, à la suite de deux rapports les plus volumineux, et enfin après études retenues plus de cinq années. Mais qu'entend M. le rapporteur par ces mots : « *remplacer* par quelque chose d'*équivalent?* » Selon nous, ce serait substituer le *mauvais* au *mauvais*; car équivalent signifie le *similaire*, d'*égale force, ejusdem farinæ.*

Et encore, pourquoi, après tant de recherches, d'aussi longues études, s'en tenir à réclamer *quelque chose momentanément?* Comment ne rien recommander, présenter, et pourquoi du provisoire toujours? A quoi donc servent les enquêtes, les hommes d'esprit et les hautes intelligences?

Peut-être avons-nous un méchant esprit ; mais enfin nous déclarons ne voir en cela que de l'*obscur* et de l'*étouffement.*

M. le conseiller Le Play a été chargé de missions d'observations en Angleterre, en Belgique, et il nous a rapporté de la première un goût extrême, une vive admiration pour les bouillies de *pommes de terre*, pour les infusions de *malt* de *houblon*, etc. ; et de la seconde, de grands éloges pour les boulangeries à l'état d'*atomes*, débitant cinquante à soixante-quinze kilos de pains de dix natures et formes différentes, mais se fortifiant par une adjonction de commerce et d'intelligence, par le débit de chandelles, de graines d'oiseaux, de sabots, etc.

Nous avouons avoir éprouvé et nous éprouvons encore pour ces goûts, pour ces recommandations, plus que de la surprise; encore, selon nous, il n'y a là-dedans rien de *français*, rien qui fût *industriel* : il n'y a que mesquinerie, pauvreté.

On l'a vu : nous sommes de l'avis et de sens diamétralement opposés.

Sommes-nous seul à sentir et à exprimer le contraire? Heureusement et assurément non.

Nous pourrions présenter ici une brillante nomenclature, si nous relations tous les noms, les qualités, les efforts qui ont apporté leur tribut, leurs sacrifices à ce grand problème, et nous trouverions dans leur résumé approbation, appui pour nos arguments, pour nos conclusions.

Beaucoup de praticiens, d'hommes compétents ont produit, vont produire des matériaux importants, de justes appréciations: et il n'entre pas dans notre mandat de faire ici une appréciation distincte. Nous nous bornons à dire que ce qui nous satisfait le plus, c'est qu'il est à présent admis, reconnu que la *chimie*, la vraie *chimie*, cette science qui s'étend à tout, est, quant au *blé, impuissante*. Le *blé* est la production de la nature *sublime, suprême* ; la Providence l'a pourvu de tout et, dans son orgueil, l'homme est impuissant à lui ajouter.

Ce qu'il doit faire, c'est de travailler le *blé* avec intelligence et loyauté. Là, point de coloration, de décoloration, de lavages, etc., etc.; point de chimie, point d'empirisme ; du naturel, du sérieux, rien que cela. L'observation de la fermentation, l'emploi des gruaux sans les repasser, les broyer, voilà les points importants; puis, et surtout, l'exploitation en grand.

Et si nous nous réjouissons de ce fait, *reconnu à présent*, c'est que tel a été toujours notre sentiment. Nous n'avons cessé de dire, de répéter, que la bonne et saine production du pain se trouvait seulement dans les principes du commerce éclairé, de la haute industrie.

Et si nous ne nous sommes pas étendu sur les faits pratiques, c'est que nous avons reconnu qu'ils existaient amplement. Nous nous sommes particulièrement attaché aux points les plus délicats, les plus difficiles, ceux qui touchent à l'économie *politique*, à l'action *gouvernementale, administrative*. C'est en effet là que sont concentrés tous les obstacles, toutes les résistances à vaincre,

Et malgré les hautes positions, malgré les prépondérances, nous dirons encore que nous ne voyons devant nous que *ruines, fantômes, spectres...*

Audience de l'Empereur aux syndics de la boulangerie de Paris.

Le renseignement, le dernier et le plus intéressant qui nous soit parvenu, est celui-ci : Les *syndics de la Boulangerie de Paris ont été reçus en audience par S. M. l'Empereur, le dimanche 2 février ! !*

Il paraît que, dans cette conférence, les syndics ont exposé avec véhémence ce qu'avait de fâcheux leur position, et le besoin, impérieux pour eux, d'obtenir de la municipalité une surélévation de taxe.

Profitant de cette haute distinction, Messieurs les syndics auraient mis en avant, à leur auguste auditeur, pour justifier cette mesure, le tableau des surcroîts de frais, de dépenses de toutes natures, des charges résultant des systèmes, des approvisionnements. Ils ont naïvement déclaré que « *c'était à Paris que se mangeait le pain le plus mauvais.*» Que, si on ne les écoute pas, ils seront contraints à réduire les journées de leurs ouvriers de 5 à 3 francs ; qu'alors il en résultera une grève, une interruption dans le travail, conséquences terribles dont ils renvoyaient la responsabilité à M. le Préfet, etc., etc.

Mais cet exposé de tant et de si vives doléances, a été fait en présence de celui qui n'oublie pas qu'à côté des intérêts d'une corporation, il y a ceux de *tous.*

Après tout, l'Empereur n'accorde son attention et ne donne sa protection qu'aux hommes qui les réclament dans un but de bien public. Et ce n'est pas à ce point de vue que les boulangers se sont présentés devant lui.

Ils n'ont parlé que d'eux, ils n'ont demandé que pour eux.

En général, et cela ressort de tous nos exposés et de tous autres, les boulangers occupent ce double et triste caractère de *moutons et pigeons....* moutons, à l'égard des meuniers par lesquels ils se laissent manger la laine sur le dos, *pigeons*, envers les consommateurs dont ils pillent et dévastent le champ sans cesse et le plus impunément.

Certes, les griefs sont très-intéressants à connaître pour l'Empereur, mais pas au point de vue des réclamants.

Les boulangers sont-ils des hommes intelligents, avancés ? nous répondrons : *non, non,* tout au contraire.

Ils sont encore entourés des crasses de toute nature. Ils repoussent tout ce qui pourait les décrasser.

Ils ont adopté un luxe ridicule, inutile.

Ils ont mis de côté les principes exacts de leur métier pour se lancer dans le frivole, ce qui dissimule.

Ils demandent que l'on porte de 11 francs, à 14 ou 15, une taxe. Et ils traitent avec les meuniers, leurs maîtres, à 8 francs 50 et 9 francs au plus ; où donc passerait cette surélévation et à qui resterait-elle ?

Nous avouerons que nous aimerions mieux voir la taxe portée à 15, même 16 et 17, si cela devait prémunir le consommateur de tous abus, de tous autres préjudices si nombreux.

Nous avions espéré pouvoir rendre un compte sommaire des opérations annuelles du *Crédit agricole* avant de clore ce chapitre.

Il en serait ressorti, nous en sommes certain, la négation de l'effet de cette institution, qui ne rend pas de services à l'agriculture, et qui n'a d'agricole que le *nom*. Nous l'avons déjà dit : c'est encore un *simulacre*, c'est le *nom* sans *l'effet*, déception nouvelle et regrettable, dont il ressort cependant et de toute évidence la nécessité, l'obligation, *l'urgence*, de fonder un *Crédit agricole de fait*, et il n'est nulle part ailleurs que là où nous le présentons.....

Voudra-t-on nous comprendre, ou, pour mieux dire, nous *admettre*, car il est impossible de ne pas nous avoir compris.....

Nous sommes en mesure d'ajouter que le mode d'opérer du soi-disant *Crédit agricole* a mis à découvert de graves inconvénients, des dangers sérieux.

MM. les Députés nous comprendront à présent mieux que jamais.

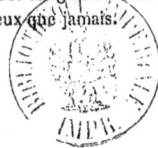

Dupray de la Mahérie et Cⁱᵉ, boulevart Bonne-Nouvelle, 26 (impasse des Filles-Dieu, 5). — 407.

www.ingramcontent.com/pod-product-compliance
Lightning Source LLC
Chambersburg PA
CBHW071220200326
41519CB00018B/5611